Letter. 17

FOR READERS

為了讓心變強大，繼續下去

一年，可以改變或造成什麼？

在漫長的改版時間裡，層層自我拷問讓人佚失方向，近乎迷路的茫然感覺與水面折射的光線相同，光被吸走了，進入霧中。偶爾，接到讀者和通路商的詢問「請問《地味手帖》還會繼續出刊嗎？什麼時候會推出下一期？」，字字句句像是劃破重霧的閃光，提醒著：有人在期待、有人在等待。

「世上應該沒有怎樣都好的事情，一定是因為你心裡的聲音太小聲了。」

意識到自己，想在眾多決定背後連動到成功，試著找到方方面面皆美的方案時，心裡的聲音消失了，原來那是光不見的原因。再問一次心，得到了這個答案：改版是為了靠近更多人，編製可親又有深度的內容，傳遞生活在地方的價值和可行。

改版第一期，藉由「地方刊物」的主題，看見編製團隊把對生活之地的心，攤開來、展現出來的極致表現，不同開本、紙質、設計、裝幀的書頁，華美素樸與否，每一頁都傳達出「為何而做的心意」。在翻閱近百本刊物的過程中，接受到震動不已的原動力，那是跨越時空的封存，比埋藏在土裡的時間膠囊更顯而珍貴。

鼓舞著自己，應不疑不信，持續去做，保持飽滿，就能讓心不斷、不斷變強大。

一年的時間，霧已清朗。請深吸一口氣，跟著我們繼續通往地方，看見生活者的心意和創意可以如何展現！

地味手帖主編 董淨瑋

001
CAL
ESS

地方刊物 行不行

LO
PR

特輯

LOCAL PRESS

當地方既是生活地，也是田野處，
刊物編織著在地人的參與，
成為地方團隊行動的養分。

一本經過企劃、拍攝、採訪、
編輯、設計、發行、寄送……
等過程而生的地方刊物，
是為了記錄文化、
自我認同、
建立關係，
還是改變地方？

在多媒體時代，仍想大聲提問：地方刊物在當代究竟行不行？

地方刊物豆知識

以本刊採集的 60 本刊物為統計範圍

地方刊物的工作密碼

一人刊物也不少！

平均編輯人數 5 人

薄至一張報紙、厚至 150 頁以上都有

平均一本頁數 50 頁

《路克米》特刊曾經創下發行兩萬本的壯舉

平均印刷本數 2000 本

省下一個便當的錢就可以買一本

平均售價 120 元

約 19×26cm

最常見的開本 16K

過去三年來至少有12場以地方刊物為主題的線上線下工作坊、編採營、課程、系列講座或展覽

舉凡野冊編輯學校舉辦的「全國青年在地編採營」、《工夫活》雜誌舉辦的「地方刊物採編．培力工作坊」、渺渺書店舉辦的「／地方刊物的再進擊／編集地方，地方編集」系列講座與見域 Citilens 舉辦的「探誌郎！《貢丸湯》八周年暨全臺地方誌編輯展」等，讓越來越多人體會地方刊物的魅力。

發行 1 刊就暫停的獨立地方刊物有 10 本以上

諸如屏東的《別款港口》、高屏地區的《開外掛》與新北的《返腳》等，都發刊一期便暫時休眠中，等待下一次和大家再會。

獨立地方刊物大爆發之年

2015 2018 2021

這三年分別都有至少12本以上的獨立地方刊物出刊，可說是地方刊物的黃金年份。比如2015年1月有基隆《雞籠霧雨》、3月有新竹《貢丸湯》；2018年4月有中和《緬甸街》、6月有高雄《大雄誌》；2021年5月有新竹香山《手工孢子》、10月有台南北門《倒風島豐》，族繁不及備載。

最多獨立地方刊物的地區是——

新北 & 高雄 雙冠王

兩地各有11本以上，備受矚目。

文字整理——編輯部

初步統計，有 13 個發行地方刊物的門派各據山頭

政府派，如新竹市政府產業發展處出的《IN 新竹》；協會派，如嘉義市人文關懷協會出的《慢漫刊》；基金會派，如古都再生文教保存基金會出的《路克米》；出版社派，如逗點文創結社出的《天天》；獨立書店派，如見書店出的《田覓基隆》；工作室派，如星濱山共創工作室出的《海想知道》；有限公司派，如透南風文化創意有限公司出的《透南風》；學校派，如竹東國中出的《逐步東行》；學生派，如新竹大學生、研究生出的《風起》；音樂節派，如蚵寮漁村小搖滾出的《蚵寮大潮報》；餐廳派，如林聰明沙鍋魚頭出的《聰明誌》；一人獨挑大樑派，如《深溝年報》；還有想編刊物就聚在一起編一本派，如正興幫出的《正興聞》。

獨立地方刊物刊名熱門關鍵字

TOP 1 誌——出現 21 次 >>>《甘樂誌》

TOP 2 風——出現 8 次 >>>《掀海風》

TOP 3 報——出現 7 次 >>>《誠石報》

TOP 4 生活——出現 6 次 >>>《什貨生活》

TOP 5 南——出現 5 次 >>>《住南崁》

2023 年是基隆《東北風》與竹東《逐步東行》的 10 歲生日

HAPPY BIRTHDAY!

休刊最久的地方刊物距重出江湖間隔 13 年

《南風澳地方誌》於 2004 年暫停出刊，2017 年復刊，由春陽號漁港小書房店主吳小枚接棒，復刊八期之後正式宣告停刊。此外，《透南風》也在 2017 年第六期出刊後休息了五年，2022 年夏天第七期重新問世。

全台市面上仍有在流通（且編輯團隊找得到的）獨立地方刊物約有 120 本

從 2006 年 5 月花蓮的《O'rip》計算至本刊截稿前 2023 年 10 月台中石岡的《小報石岡》，一年平均發行 7 本。人工搜羅，必有遺珠之憾。

最多產的獨立地方刊物迄今發行超過 65 刊

這個驚人的數字由台灣青年基金會發行的台中地方誌《溫度》和關注台南藝文活動的《藝志》所締造。

屏東縣政府發行過最多本官方地方刊物，目前活躍於大眾視野的有《Amazing Pingtung》、《屏東本事》和《覓屏東》等 3 刊。

地方刊物的地理位置之最

宜蘭頭城龜山島
《龜派》
最東邊
24.84314° N
121.94432° E

金門
《浯島城事》
最西邊
24.43690° N
118.31943° E

屏東滿州港口社區
《別款港口》
最南邊
21.99204° N
120.83089° E

新北淡水
《淡淡》
最北邊
25.17656° N
121.45039° E

與改版上路的政府地方刊物

刊物名／關注地域／創刊年，標白底者為政府發行

地方刊物地圖

彰化

今秋誌｜鹿港，2018

炯話郎｜彰化市區，2019

員林紀事｜員林，2019

美好彰化｜彰化縣

雲林

雲林食通信｜雲林全區，2017

雲林生活｜雲林縣

嘉義

聰明誌｜嘉義中正路，2018

桃城晃遊｜嘉義市

＋1＋1＋1｜嘉義市

台南

路克米｜台南市區，2006

透南風｜南部鄉村地區，2012

WuTalk！台南在地誌｜台南市區，2013

正興聞｜正興街，2014

藝志｜台南全區，2015

小事報｜曾文溪流域，2019

叩問影像在地誌｜新營，2020

轉個灣｜永康大灣，2020

倒風島豐｜北門三寮灣、蘆竹溝，2021

Kiâm-tsúi 心適代｜鹽水，2021

美印臺南｜台南市

悠活臺南｜台南市

台中

溫度｜台中全區，2012

微觀｜台中全區，2020

小報石岡｜石岡，2023

漾台中｜台中市

高雄

鳳山好厝邊｜鳳山，2018

大雄誌｜高雄全區，2018

西子灣｜鼓山西子灣，2019

工夫活｜前鎮草衙，2020

濱線配方｜哈瑪星，2021

開外掛｜高雄屏東，2022

高雄畫刊｜高雄市

綠島

島嶼綠｜綠島，2021

蘭嶼

蘭嶼雙月刊｜蘭嶼，2018

澎湖

紅羅罩聚落生活誌｜湖西紅羅村，2021

去（Khù）海女神龍｜湖西、西嶼，2022

大角誌｜西嶼大池村，2023

小鰆誌｜澎湖全區，2023

澎博通訊－食飽未｜澎湖縣

金門

浯島城事｜金門

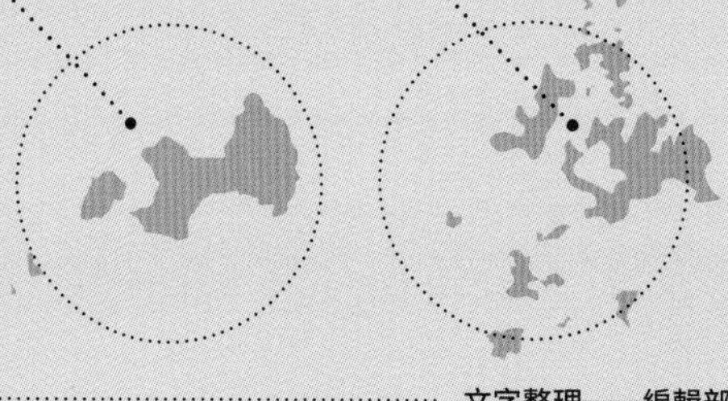

屏東

ㄏㄧㄠˇ日子｜恆春，2018

琅嶠食通信｜恆春，2020

LAUNCHER PAPER 半島報｜恆春，2023

Amazing Pingtung ｜屏東縣

屏東本事｜屏東縣

覓屏東｜屏東縣

來義鄉刊｜屏東縣來義鄉

泰武鄉刊｜屏東縣泰武鄉

牡丹好日子 kinataumaqan na butangu ｜屏東縣牡丹鄉

獅子鄉季刊｜屏東縣獅子鄉

全台

本地 The Place ｜ 2019

REWIND 年刊｜ 2020

島生誌｜ 2022

文字整理——編輯部

●手動查找恐有遺珠，還請海涵！

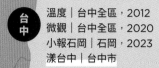

收錄近五年來新發刊、仍持續出刊的獨立地方刊物，

全台

刊物地域比例尺

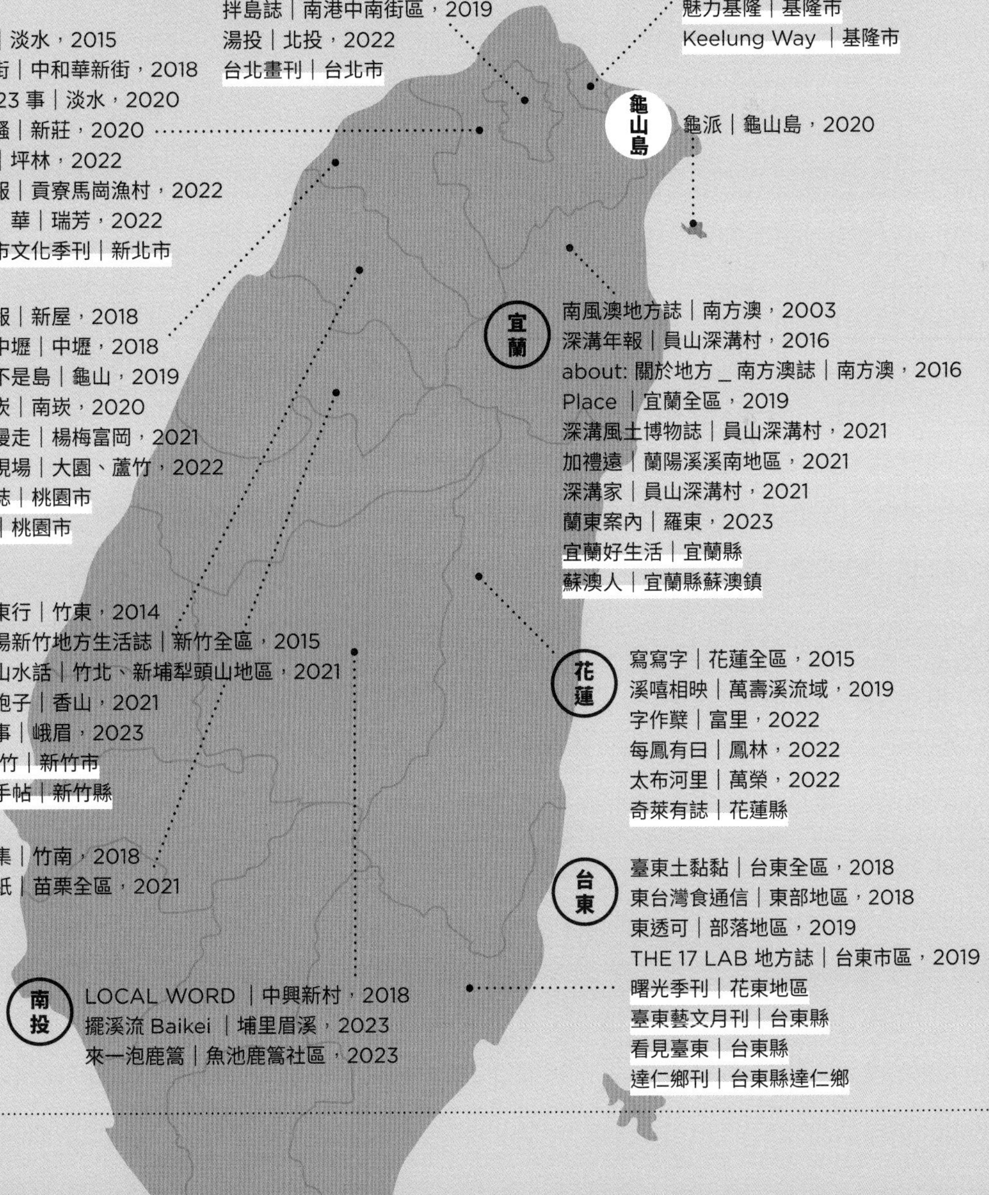

台北

稻相報｜大稻埕，2016
東園誌｜南萬華，2018
洲美人家｜北投洲美社區，2019
拌島誌｜南港中南街區，2019
湯投｜北投，2022
台北畫刊｜台北市

基隆

東北風｜八斗子，2013
田覓基隆｜基隆全區，2020
海想知道｜基隆全區，2021
魅力基隆｜基隆市
Keelung Way ｜基隆市

龜山島

龜派｜龜山島，2020

新北

淡淡｜淡水，2015
緬甸街｜中和華新街，2018
淡水 23 事｜淡水，2020
新莊騷｜新莊，2020
走水｜坪林，2022
誠石報｜貢寮馬崗漁村，2022
瑞芳　華｜瑞芳，2022
新北市文化季刊｜新北市

桃園

耕新報｜新屋，2018
實況中壢｜中壢，2018
龜山不是島｜龜山，2019
住南崁｜南崁，2020
富岡慢走｜楊梅富岡，2021
空城現場｜大園、蘆竹，2022
桃園誌｜桃園市
众聲｜桃園市

宜蘭

南風澳地方誌｜南方澳，2003
深溝年報｜員山深溝村，2016
about: 關於地方 _ 南方澳誌｜南方澳，2016
Place ｜宜蘭全區，2019
深溝風土博物誌｜員山深溝村，2021
加禮遠｜蘭陽溪溪南地區，2021
深溝家｜員山深溝村，2021
蘭東案內｜羅東，2023
宜蘭好生活｜宜蘭縣
蘇澳人｜宜蘭縣蘇澳鎮

新竹

逐步東行｜竹東，2014
貢丸湯新竹地方生活誌｜新竹全區，2015
犁頭山水話｜竹北、新埔犁頭山地區，2021
手工孢子｜香山，2021
眉本事｜峨眉，2023
IN 新竹｜新竹市
藝文手帖｜新竹縣

花蓮

寫寫字｜花蓮全區，2015
溪嘻相映｜萬壽溪流域，2019
字作檗｜富里，2022
每鳳有日｜鳳林，2022
太布河里｜萬榮，2022
奇萊有誌｜花蓮縣

苗栗

山海集｜竹南，2018
苗圖紙｜苗栗全區，2021

台東

臺東土黏黏｜台東全區，2018
東台灣食通信｜東部地區，2018
東透可｜部落地區，2019
THE 17 LAB 地方誌｜台東市區，2019
曙光季刊｜花東地區
臺東藝文月刊｜台東縣
看見臺東｜台東縣
達仁鄉刊｜台東縣達仁鄉

南投

LOCAL WORD ｜中興新村，2018
擺溪流 Baikei ｜埔里眉溪，2023
來一泡鹿篙｜魚池鹿篙社區，2023

謝爾庭

見域 Citilens 共同創辦人，曾任《貢丸湯》雜誌主編，現為自由接案編輯與內容企劃。喜歡不斷發現看待世界的新觀點，做不一樣的事情。

黃喆亮

曾任見域亭仔角店長與《貢丸湯》雜誌編輯。碩士論文以《社群發行中：編輯地方與引促公共行動》為題，探尋地方刊物之於地方營造的可能。

朱毓萍

高雄美濃獨立書店「有間書店」主理人，店裡有一面地方刊物牆，透過蒐藏全台各地的地方刊物，重新連結人與地方。

朱毓萍 ╳ 黃喆亮 ╳ 謝爾庭

文字——李怡欣　攝影——Jimmy Yang

從編輯到編集：地方刊物的脈絡與觀察

紙媒已成夕陽產業，台灣各地卻逆勢燃起「地方刊物」的點點薪火。它們不追求即時、不為觀光宣傳，而以全新的觀點、精緻的裝幀設計，引領讀者發現不一樣的地方風景。這波浪潮從何而起，又如何捲動在地？透過研究者、編輯者與蒐藏者的近身觀察，剖析地方刊物的發展脈絡，以及連結地方的可能。

Q1 請定義你們覺得什麼是「地方刊物」？

爾庭——我覺得這牽涉到定義的目的是什麼，比如政府補助就會有嚴格的定義：不能是書，而且要有一定的刊期。但如果是討論刊物作為一種文化行動，那感覺可以把定義放寬，首先它當然必須是出版品，再來是要與地方有關，由各種參與者製作、談論地方的出版品都可以納進來。

喆亮——我認同爾庭說的，目的會影響怎麼定義地方刊物。例如我的研究目的不是定義或區分誰是、誰不是地方刊物，而是觀察到有一個新的出版現象，跟過去已在台灣發展數十年的社區報不太一樣，於是我用「地方刊物」來統稱它們，跟社區報做區隔，並試著歸納出地方刊物的特點。

毓萍——我也認為地方刊物的前身可能是社區報，它有個發展過程，可能一開始是偏薄的紙本，隨著印刷與設計技術成熟、製作成本降低，慢慢可以做有更多深度內容的出版品，成為現在我們所說的地方刊物。

多元本身也是地方刊物的特徵，以前是為了出版而出版，但現在成了行動的一環。

爾庭——綜合大家的說法，或許可以用「地方書寫」來包含所有地方出版品如地方志、社區報等，而「地方刊物」則是其中一種近年來常見的地方書寫、出版類型。

Q2 請簡介台灣地方書寫的歷史。

爾庭——從我的研究觀察來看，整理地方、或者說「出版」這回事，一開始一定是統治者的特權。早期官方的地方書寫形式是「地方志」，為了統治目的調查水文、人物與產業等地方資訊並集結出版成地方志書，從清領時期到戰後都有持續。到了1990年代解嚴跟本土化運動興起，台灣社會的思維逐漸跳脫大陸史觀，開始比較認真看待這塊土地，於是「地方學」應運而生，《竹塹文獻》、《金門文獻》等地方文獻雜誌也在這時候出現。

至於民間開始進行地方書寫則有兩個條件：雜誌禁令解除，以及書寫地方的動力誕生。有學者指出其中一個動力是在社區發展階段，民間發現很多社區問題政府沒有注意到，於是發起社區報，想把這些事情報導出來；另一個動力是災難發生的時候，既有的社區關係瓦解，需要透過書寫來重建。

喆亮——關於社區報書寫，我在論文中整理了前人研究，歸納出四個發展階段：第一階段是1960年代政府推動社區發展政策，最早的社區報從那時候就開始了；第二階段是1979年雜誌解禁，民間也可以出版雜誌；第三階段是1990年代的社區總體營造政策，無論是由下而上推動本土化，或是作為新的統治工具，社區報都成為凝聚社區的手段和媒介；第四階段是1999年九二一大地震，在通訊科技沒那麼流通的時候，藉由社區報讓外面的人知道災區的狀況並重建社區。

毓萍——我看到的角度是，以前有的社區發展協會會把給政府的結案報告重新編輯成刊物，給社區居民免費取閱。但近期地方書寫已經成為組織地方團體的一種方式，刊物則成為這種動員下的產製品，剛開始可能有政府補助，後來地方團體想要自給自足就自己定價、找通路販售。

Q3 地方刊物爲何興起？就大家的觀察有哪些特色？

爾庭——這題開始進入沒有學者做過系統性研究的新大陸了。大概2010年代小誌（zine）在台灣出現，慢慢有人用新的方法做地方刊物，背後反映排版跟印刷條件的進步。可是小誌出版量少，嚴格來說更像藝術品，地方刊物的真正大爆發我覺得是在2015年前後，背後的脈絡很複雜，目前大家都只能抓出一些線索。例如從社會事件來看，三一八學運後大家開始回到地方；從新聞業變革來看，報紙地方版逐漸退出；以及從政策面來看，政府提出地方創生政策鼓勵地方出版。但目前還沒人有定論。

喆亮——三一八運動標誌了那個時代的氛圍，是一個許多社會議題被關注討論的年代。地方刊物也有參與這波浪潮，像是我帶來的台中地方刊物

《溫度》就是討論「核電歸零」的一期，而基隆的《雞籠霧雨》也討論過一些迫遷案例。

從政策面來說，大概可以拉出２０１４年和２０１９年兩個時間點。２０１４年三一八學運後，很多刊物拿到文化部青年村落文化行動計畫的資源，我記得《貢丸湯》、《雞籠霧雨》跟蘭嶼《952 VAZAY TAMO》都有拿到。再來２０１９年是地方創生元年，後來有些刊物就是拿國家發展委員會的地方創生經費來做刊物，像花蓮萬榮的《太布河里》。

毓萍——就我的觀察，有三條地方刊物噴發的支線，第一條是水土保持局的農村再生基金，他們提供很多資源給社區發展協會；第二條是喆亮提到的文化部青年村落文化行動計畫，第三條則是國發會的地方創生補助。這三條支線的補助經費夠高，讓地方刊物的發行量與能見度提升。

爾庭——我有一點不同的意見，剛剛的講法有點像是因為有政府補助，所以地方刊物才會百花齊放，但我不認為地方刊物是政府促成的，例如新莊《新莊騷》、中和《緬甸街》和彰化《炯話郎》，很多都是民間自發的。我的觀點是，正是這種出版形式先流行起來，才開始有多元的出資者，比如政府。

以前很容易歸類說這個出版品是政府還是社區發展協會做的，但現在地方刊物的多元性真的高非常多，出版單位有政府、有企業、有學校，也有像見域這樣的公司。而且每本刊物之於每個團隊的意義都不一樣，以見域來說，我們的核心收入不是雜誌，堅持做《貢丸湯》是因為它是採集內容的源頭。但像《海想知道》是他們想要有一個載體呈現做過的事情，《逐步東行》或《淡淡》等學生參與的地方刊物則是跟教學結合，想讓學生更認識地方。所以刊物的功能非常多元，多元本身也是地方刊物的特徵，以前是為了出版而出版，但現在成了行動的一環。

毓萍——我同意爾庭講的多元性，例如編採範圍就有很大差異，像台南《正興聞》是以一條街為單位，對比《貢丸湯》跨越整個新竹縣市。

爾庭——這代表地方刊物其實重塑了認同邊界，這個邊界以前在行政區劃上當然也有，但現在大家可以透過刊物建立的邊界重新思考地方。

喆亮——非常同意爾庭所說的，大部分地方刊物的自發性很強，我相信即便沒有申請到補助，許多團隊仍會創辦地方刊物。另外，剛剛提到地方刊物的特色在於不是純做出版，而是把刊物視為團隊行動的一環，這也是我論文研究的重點。我採訪了八個案例，這些案例的分類方式就是看刊物與團隊行動的關係是什麼。第一種是刊物作為團隊進入地方的起手式，像汐止的《返腳》。第二種是刊物與其他行動交織，《貢丸湯》就是其中代表，雜誌像是見域的研發部門。第三種是刊物作為行動的匯聚，例如台南的《透南風》一開始就是把過去做的事情轉化成內容。第四種像是竹東國中美術班的《逐步東行》，刊物和行動就沒有直接關係。

Q4 為什麼地方刊物多以雜誌的形式呈現？與其他經營地方的媒介相比，有何特殊之處？

毓萍——我們現在透過電視或手機就可以隨時追蹤即時新聞，等報紙派發到讀者手中可能都已經變成過時的資訊；至於書本，它的採編和鋪銷成本又太高了。雜誌的好處是可以調整出刊頻率，對團隊來說有彈性也比較健康。

喆亮——《貢丸湯》一開始並沒有討論過媒介這回事，大家不知哪來的共識都想做雜誌。我自己是2014年上文化研究實作課的時候，老師給我們讀《人間》雜誌，開啟我對雜誌的想像。當時看到日本的地方出版這麼多元，怎麼台灣做的人卻很少，就覺得做地方刊物、做雜誌好像很有趣。

爾庭——刊物的形式也會互相影響，後繼者可能會參考前面的刊物，回頭去想他要怎麼做，政府刊物就是明顯的案例。也有一些務實的考量，例如實體書店的

地方團隊除了經營社區，也在經營社群，實體刊物

雜誌架高度都是一樣的，如果做成報紙，擺上去很容易塌掉或刊物名字被切掉，所以到最後大家的開本都很相似。

喆亮——這個考量非常實際，2006年創刊的《O'rip》一開始的策略就是擺在誠品書店讓大家取閱，也就是說最早期的地方刊物就有考慮到這件事。

爾庭——以經營地方文化的公司來說，刊物最大的用處是可以出現在實體世界。我們是跟人連結的產業，可以把影像和文字成果整合，出版之後拿去給受訪者看，意義會比傳一個網路線上連結大很多。

毓萍——完全同意，很多地方團隊除了經營社區，也是在經營社群，實體刊物就是一種加深連結的方式。

爾庭——沒錯，我們會說刊物就是一張大型名片，不管是在書店流通，或是擺在店家的書架上，看到的人就會記得這個團隊，實體的曝光效益還是遠大於線上，而且印刷成本很低。此外，實體的意義在現在這個時代還有個轉變，跟黑膠唱片有點像：極端一點

公共議題的討論、建立跟地方的關係，以及作為組織團隊的方式。

說，甚至可能買了這本書不一定會看，連封膜都沒撕，但因為我認同這個團隊、而他們出版了一個作品，所以我想要珍藏它。

毓萍——對，地方刊物採集了某個時代地方的特殊事件及紋理，相較於走讀活動雖然可以帶來身體感的記憶，但人腦是很不可信的，可能睡個覺就忘了那些活動細節。可是紙本刊物就算過了很久再去翻，它還是可以喚醒我的記憶和感受，對我來說是有珍藏價值的物件。比如《逐步東行》第一期、蘭嶼的《952 VAZAY TAMO》，現在都成了市面上很難找到的珍品。

喆亮——刊物的紙質觸感、編排設計，都是數位科技無法提供的東西。《老派科技的逆襲》一書就提到雖然主流雜誌沒落，卻有許多品質精良、讀者黏著度更高的獨立雜誌興起，這個現象在台灣地方刊物發展上也可以觀察到。

我認為地方刊物還可以軟性地引起公共議題的討論、建立跟地方的關係，以及作為組織團隊的方式。雖然地方團隊也可以辦導覽、走讀活動，但就很難像做刊物一樣，同時讓這麼多人一起參與。例

地方刊物可以軟性地引起

如苑裡的《掀海風》一開始因為工作坊集結了一批青年，他們就想到讓大家一起做刊物來保留這個動能。刊物成為牽引團隊行動的媒介，並進一步促成更多地方行動。

Q5 刊物如何作為一種地方行動，從企劃、編採到發行、販售實際捲動地方？

雨庭——以《貢丸湯》來說，我們因為採訪認識更多在地店家，透過早餐、市場及「植感生活」等企劃主題，達到報導與串聯的效果，也跟這些店家建立起聯繫。未來有營隊、工作坊或是政府標案，要再跟他們談合作就更容易。刊物對我們來說是跟地方建立關係的過程，至於關係可以走到哪裡，沒有設限。

毓萍——我是2013年回到美濃開「有間書店」，店裡有一面牆，把全台灣的地方刊物全部展示出來，因為我想讓更多人知道，台灣有這麼多努力記錄地方微小事物的團隊。我覺得這面書牆就像是「catalogue」（型錄），想要認識哪個地方，就打開哪一扇任意門。

有新竹來的人拿起《貢丸湯》；有人最近要去外縣市找朋友，也想順道去地方刊物介紹的景點；也有人可能有朋友或親戚住在外縣市，有進一步認識當地的需求或動機；甚至有客人成為固定關注特定地方刊物的讀者，會追問新刊到了沒。無論來書店的是在地人或是外地遊客，我都捲動他們去到刊物所在的地方。

爾庭——這反映一個有趣的現象：1990年的台北人看台南的社區報，會覺得這跟他無關，那為什麼現在的台北人會去買台南的地方刊物？可能是厭倦踩點打卡的觀光模式，想要更深度認識地方。另一個原因是台灣真的很小，朋友或親戚一定來自台灣各地，加上交通越來越發達，各縣市的生活圈是連貫的。這也牽涉到我們的地方認同正在改變，以前以社區為邊界，現在認同邊界的公約數可能擴及全台灣，就會想要認識台灣更多地方，這是我們跟父母世代一個很大的差異。

所以地域品牌雖然是來自日本的概念，但台灣和日本的不同之處在於，日本不同地域間的距離很遠，而我們在地理尺度上則有點像東京的不同區，認識地方的門檻沒有這麼高，因而提升讀者對於地方刊物的接受度。

喆亮——我訪談的地方團隊一開始並沒有思考做刊物要怎麼捲動地方，而是在產製、販售和被閱讀的各個階段中，試著插入刊物以外的小小行動。例如《掀海風》團隊就發起預購，除了線上宣傳，也串聯友好的在地店家。他們的預購計畫還有提到如果銷量達到多少，就會把部分收入回饋給在地的教育活動，讓發行刊物不只是編輯團隊的事情，也成為大家一起做的行動。

地方刊物也會捲動讀者，《掀海風》就有案例是他們擺攤接觸到的讀者，後來變成團隊成員。甚至原本在地人對於地方沒什麼感覺，反而是外地人讀到刊物因而按圖索驥來到這裡，在地人才意識到原來他們做的事是有人感興趣的，這種對地方的認同感和榮譽感被刊物反向、間接地營造出來。

爾庭——所以不只捲動店家，也捲動在地人跟外地人，越來越多人被刊物捲動到地方，互動會更加明顯。

Q6 近年來政府單位發行的地方刊物也蓬勃發展，如何看待此現象？

毓萍——其實從政府刊物到選舉看板，都可以看到近

發行刊物不只是編輯團隊的事情，也成為大家一起做的行動。

年來城市美學的改變。像是《屏東本事》除了版面設計，也以更深入的社會學視角，為城市品牌建立深度。

爾庭——政府刊物的轉型意味著政府經營地方的思維改變了。因為是外包的標案，所以轉型會比民間來得容易，但缺點就是不連續，不管刊物多精美、拿了多少獎，它終究是一個標案，出完就結束了。可是民間的地方刊物可能只是起點，為了持續經營地方，團隊會從刊物出發，開展出更多行動。

喆亮——有些政府刊物原本就存在，只是從政績宣傳轉變成地方行銷的模式。至於對民間地方團隊的影響是什麼？我認為這些刊物標案也是地方團隊利用經驗、專長獲得資源的機會，但台灣目前好像只有見域和透南風有在接政府的地方刊物。

毓萍——屏東獨立書店「繫本屋」也是接政府標案做《來義Semupu Laiyi》，他們很明確知道政府刊物缺乏某個面向，所以透過接標案來補足這一塊。

爾庭——要不要接政府標案、跟政府的關係是什麼，對所有地方團隊而言都是重大的議題。我遇過一些團隊為了保有自主性，堅持不接政府的案子，我們也必須承認，因為政府會有一些要求，包括平衡觀點、對特定議題比較敏感，有時會出現一些匪夷所思的事，這都會造成團隊成員的情緒勞動和執行上的負擔。可是如果因為這些顧慮而不去做，那這個產業不會改變，我的結論比較老生常談：要參與才能改變，進廚房就不要怕把手弄髒。

喆亮——換個角度想，地方團隊可以把刊物鑲嵌在行動中，例如見域在接政府刊物的同時，也在思考如何借力使力，利用這樣的機會置入過去沒有人談的事情，或是開展對新竹更好的想像。

爾庭——除了新聞局、文化局等主要負責地方行銷的局處以外，其他局處也有可能做地方刊物。見域也曾經參與編輯新竹市環保局的水資源專刊，政府刊物還是有曝光度的，我們知道透過承接標案可以觸及到另外一群人，或改變政府的美學與報導方式，這也是一種機會。現在有越來越多政府刊物真的很認真在做，而且盡可能降低政績宣導的色彩。

不過大家還是要知道，所有出版品都有立場，民間刊物有自己的立場，政府刊物也一定會受委託者影響，但不代表所有內容都是廣告文宣。我認為這回到讀者的識讀能力，像我帶工作坊時就會告訴學員，閱讀刊物首先要翻到版權頁，看開本、看刊期、看是誰出版的。雖然不能要求每個讀者，但隨著出版品的形式越來越多，也該有更多讀者做這個功課。

Q7 最後，心目中理想的地方刊物應具備哪些元素或達成哪些目標？

爾庭——「地方刊物可以改變地方嗎？」在《重新編集地方》這本書中，作者影山裕樹的答案有點令人出乎意料：「不行」。他認為媒體沒有那麼偉大，可是媒體可以給出新的看待地方的方式，從中會長出很多行動。所以我個人覺得理想的地方刊物，不只是讓讀者認識地方，還可以讓他們知道，原來可以用全新的觀點來看待地方。

> 地方刊物建立起新新舊舊的橋樑，只要我們有橋樑，就可以通往地方。

喆亮——我不是從地方或媒體本位去思考怎樣才是理想的地方刊物，我在意的是發行刊物的過程促成哪些跟地方連結、或是讓地方參與進來的可能性。

很多人會討論到地方刊物很難永續經營，常常沒出幾本就結束了。但如果把眼光放遠，從地方團隊行動的歷程來看，像《掀海風》只出了兩本，但對苑裡掀海風來說，地方刊物在團隊的行動中扮演關鍵角色，所以只要地方行動有所延續，我覺得就很不簡單了。

毓萍——從地方到跨地域，從社區到社群，地方刊物建立起新新舊舊的橋樑，無論是對內一起編輯刊物，或是對外深化和地方的互動，因應不同的時代需求，這些橋樑的質地與樣貌都會不斷改變。

我覺得理想的地方刊物是它會因應需求成為人與地方的橋樑，每個人對橋樑的功能與期待不同，可是之於我就是希望橋樑不要斷，就算斷了，依然有團隊可以建立起新的，重要的是只要我們有橋樑，就可以通往地方。作為蒐藏者與讀者，我希望這個接收地方訊息的橋樑不要斷。

地方刊物大事記

1965 年

在聯合國社區發展運動的趨勢下，行政院將「社區發展」列為《民生主義現階段社會政策》七大要項之一，社區報開始萌芽，如《小世界》（1965 年）、《柵美報導》（1973 年）、《今日美濃》（1974 年）等。

1979 年

新聞局解除雜誌登記禁令，並頒布《輔導社區雜誌發展方案》，積極輔導及補助地方創立社區報。

1988 年

報禁解除，各大報擴增地方版，社區報面臨衝擊與轉型。

1994 年

行政院文建會推動「社區總體營造」，社區報成為政府與民間共同推動的社區營造方法之一。

1999 年

九二一大地震讓社區報成為災區重建的重要媒介，災後兩年間短暫出現超過 80 種刊物。同年全國社區報網站建置，社區報逐漸網路化。

2006 年

花蓮生活誌《O' rip》創刊，在各地誠品書店及藝文空間上架，為台灣地方刊物的先驅。

2010 年

媒體出版界的引介加上獨立書店與相關市集的展售推廣，小誌（zine）風潮自 2010 年代起從外國引進台灣，雜誌形式的地方刊物陸續出現。

2011 年

水保局的農村再生整體發展計畫（2011 ～）、文化部的青年村落文化行動計畫（2014 ～）等政府計畫，為地方刊物提供補助資源。

2014 年

三一八學運促使青年開始關注台灣各種公共議題，進而掀起青年返鄉的趨勢。年底友善書業供給合作社成立，地方刊物得以透過合作社在全台獨立書店流通。

2015 年

2015 年起，博客來、讀冊、誠品等大眾通路的策展及邀約上架，提升地方刊物的能見度。此後，受到地方刊物的影響，政府刊物也以委外代編的方式創刊或改版，如《桃園誌》、《高雄款》、《屏東本事》等。

2019 年

行政院宣布此年為台灣「地方創生元年」，地方刊物亦為創生的一環，更加蓬勃發展。

參考資料

曾純純（2005），《初探社區報在六堆地區的發展與困境》
陳則秀（2012），《花蓮社區刊物營運與編輯地方認同》
洪芷寧（2014），《臺灣「獨立刊物」文化生產場域自主性研究》
謝爾庭（2019），〈預約下個世代的地方書寫：台灣地方誌的現況與挑戰〉，眼底城事
黃順星（2020），〈媒社區：以媒介化理論檢視臺灣社區報發展〉，《中華傳播學刊》第三十八期
謝爾庭（2022），〈在新時代編輯地方：當代臺灣地方誌的出版風景〉，《在地》第三期
黃喆亮（2023），《社群發行中：編輯地方與引促公共行動》
簡妙如，〈讓我們用出版抵抗世界吧！小誌文化政治與台灣龐克小誌簡史〉，轉角國際

島民辦報歷險記：熱炒久久．三蘆社區報

文字、攝影──廖貽柔

台北城的西北方，有一座被淡水河與二重疏洪道圍繞、外型如葉片般的「小島」。在這裡，有群人自稱為「島民」，喚這片家園作「三蘆島」，並在島上辦起了一份名為「熱炒久久」的報紙。

來自素人的使命感

「三重蘆洲是台北的衛星都市，聚集了很多勞動階層，他們下班後如果想喝點小酒放鬆就會揪去熱炒店，因此熱炒店正是三蘆地區庶民日常生活的象徵。」總編輯李鴻源白天當保全、下班後才執筆，娓娓道來《熱炒久久．三蘆社區報》的命名緣由。

「而且十幾年前熱炒店真的都強調一盤99元，也就是『熱炒九九』，所以我們把它諧音成『熱炒久久』──」社長莊妙慈俐落地接口，「因為做一份刊物，最重要的就是要長長久久！」大夥兒都笑了。2011年，有感於三蘆地區都市化速度之快、移居者之眾，莊妙慈在蘆荻社區大學開設短期的編輯採訪課程，召集有興趣的社區居民一

仍活躍於第一線的社區報！

上──總編輯李鴻源（左一）、社長莊妙慈（左二）、執行長李凌君（右一）、副總編輯李麗卿（右二）與來訪的社區報編採記者和社大資深學員。**下**──社區報發行十週年的合輯與改版後的雜誌。

塊來辦報，期待社區報成為連結新、舊住民的橋樑。

「第一次聽到要辦報紙時很驚嚇，老師鼓勵我們：『妳會說話嗎？會說話，就會寫文章。』」副總編輯李麗卿笑道：「我們幾個歐巴桑想說：好吧，我們很會講話；不對，是很愛講話！那應該沒問題吧？」剛開始試刊六期，有些人手寫文章、有些人列印剪貼到A3海報紙上，最後付梓印刷——這群素人編輯的庶民媒體之路，就這樣跌跌撞撞地開始了。

一份真正屬於三蘆人的刊物

或許，三蘆社區報的魅力，正是這份庶民辦報的素樸真心。

早期社區報去跑採訪，受訪者大多是一般里民，時常心懷戒備或婉言相拒。「這時候我們就會派出『歐巴桑』，一出馬便能很快跟受訪者打成一片，用聊天的方式訪出精彩故事。」執行長李淩君笑著說。

搬到三蘆已三十多年的李麗卿，最知曉移居者的心。「這些在城市邊緣生活的人們，要立足是沒那麼容易、輕盈的，能活到今天都是卯足了全力。」她緩緩說道，「他們拙於跟子女分享太多，所以我們很希望寫出那一輩塵封已久的故事，讓下一代看見。」

曾有社區居民感慨地回饋：「像《中國時報》、《聯合報》，寫得再好都好像跟我沒有關係，但你們的刊物，是我生活在其中的。」每回報紙出刊，編輯與記者都親自分工、派報到各個社區大樓，還有早餐店、小吃店、圖書館甚至便利商店，社區報的足跡一度遍及200多個派送點。

不只是報紙

2022年社區報轉型成雜誌、上架募資平台走進大眾視野。「如果把報紙比喻為人的一生，社區報就好像正在轉大人。」李淩君解釋，「報紙能刊載的還是比較資訊性的內容，許多我們想深度報導的題材都寫不進去。」

但要轉型，談何容易。「第一年我們完全不知道雜誌的照片要調色、紙質要挑選，雜誌的定位和特色又是什麼？」莊妙慈笑道，「但也透過這樣的過程，得以重新整理十多年來的社區報經驗和成果，並把它轉換成對外宣傳的語言。」

不斷地做中學、學中做，並從中滾動出更多能量與有趣的事物：組織讀者見面會、舉辦生態小旅行，還邀請曾為受訪者的職人開課辦講座，現身說法與社區居民互動。「社區報能撐下去，我們可能做對了一件事情：不分『你』或『我』，而是讓受訪者也站到這個位置，成為『我們』。」

這麼多年過去了，社區報不再只是一個記錄的載體，更成為一位行動者——「12年來，我們在變老，但社區報卻在長大，一群人玩在一起，真的非常開心。」

連結家鄉的超時空血脈：月光山雜誌

文字、攝影——謝欣珈

上——1987 年的「月光山三傻」：鍾昆宏（左）、邱智翔（中）、林茂芳（右）。（圖片提供／月光山雜誌）

下——直至今日，鍾昆宏依然拿剪刀、膠水親自剪貼排板。

接近中午的時候，月光山雜誌社的玻璃門都是敞開的，「打字小姐」鍾蘭珠正把社長鍾昆宏手寫的稿件打成電子檔，全年無休。《月光山雜誌》最自豪也最令人讚嘆的就是每個月逢「九」出刊，42年從來沒有遲到過，「家裡辦喪事還是要出刊。」

憑一股衝勁攀上四千份訂閱大山

1974年，全亞洲第一份社區報紙、報導高雄美濃人事物的《今日美濃》週刊創刊造成轟動，當時鍾昆宏離家到鳳山念高中，「我就有訂閱啊！那時候我開始會注意家鄉的訊息，報紙上看到也會剪，比一般的同學還要關懷重視家鄉的點點滴滴。」一、兩年後《今日美濃》週刊停刊，新聞局覺得可惜，特地南下找其他報社記者商量，「他們說『美濃人才這麼多，怎麼可以斷掉呢？怎麼沒有人來接棒呢？』但這些大學畢業的記者怕賠錢，沒有信心紛紛退出，只有那時候是《台灣時報》記者的邱智祥，和小學畢業的《中國時報》派報員林茂芳說『不然我們來辦』。」於是，1982年3月29日，《月光山雜誌》正式創刊，他們還向農會貸款30萬，用還錢的壓力激勵自己好好做。

第一個月三期共印了一萬份，拜託各大報夾報贈閱之後開始接到訂閱電話，只是幾個月過去，只有一百多份訂閱，「邱智祥回憶，那時候把報紙放在摩托車坐墊用屁股壓著，到郵局要停車，站起來風一吹報紙飛得滿地都是，他就覺得情何以堪，這麼辛苦。」後來，經過旅外鄉親口耳相傳，訂戶才逐漸穩定成長，最多將近四千份。「美濃人有一種獨特的『美濃精神』，很多旅外鄉親都很牽掛家鄉，最愛看人的報導，誰的小孩拿到博士、考上校長，都牽得上關係很有親切感。」

任何難題都靠這一報

接著，美濃反水庫運動爆發，《月光山雜誌》更是在鄰里間扮演著重要的傳播角色，「我們月光山雜誌以民意為依歸，那時候很多人來投稿，我們就整理報導宣傳，老弱婦孺看了月光山雜誌，看久了皆能朗朗上口為什麼要反水庫、蓋水庫的缺點是什麼。」

從四版擴增到八版，運動成功之後版面內容更加充實，調整成一、二版即時報導大事件或農會、鎮公所新聞；七、八版由美濃博士學人協會、美濃愛鄉協進會負責，三至六版就靠以登上「月光山」為榮、熱情的美濃鄉親，從國內、國外用傳真、寄信等方式持續供稿，鎮上的疑難雜症也都希望登上「月光山」解決難題：「二十幾年前美濃鎮公所電費太高財務困難，我們報導之後旅外鄉親紛紛來認養『愛心路燈』幫鎮公所紓困；請紙風車劇團表演要募款，別的鄉鎮要募一年，我們登在月光山，一個月就把它辦成。」還有各類豐厚的獎助學金透過月光山牽線挹注給需要的學生，號召力之強證明《月光山雜誌》是美濃最多人看的報紙。

邱智祥、林茂芳與鍾昆宏三人能堅守崗位三、四十年，都源於對家鄉美濃的「使命感」：「我們成立的宗旨就是要為家鄉寫歷史，傳承美濃的客家精神。」現在他們都還沒有休息的打算，即使現在看報紙的人越來越少了。

編輯台工作表

倒數 9 天
身體休息中
腦袋開始思考下期內容
↓
倒數 8 天
在美濃穿梭採訪
晚上開始撰稿
↓
倒數 7 天
區公所、農會
提供新聞截止日
↓
倒數 6 天
思考標題、修改投稿
編輯本期內容
↓
倒數 5 天
繼續編輯文稿
開始手工排版
↓
倒數 4 天
編輯、排版中
↓
倒數 3 天
排版、編輯完成
送進印刷廠
↓
倒數 2 天
印刷廠印刷中
↓
倒數 1 天
下午 2 點報紙回來了
摺報、貼名條
5 點送進郵局

註：這是之前，現在印刷廠會直接送到郵局，由郵局貼名條後寄出。
↓
出刊
每月 9 號、19 號、29 號
讀者即可收到報紙（有時還會提早），開心閱讀！

LOCAL PRESS

LOCAL PRESS FILE 01

創刊時間
2013 年 8 月

開本
16K

頁數
64 頁

發刊頻率
一年二期

印量
500 本

售價
150 元

目標讀者
學生、文史工作者與學者

經費主要來源
許焜山自籌、捐款

販售點
八斗子漁村文物館、見書店

其他行動
文物館、紀錄片、導覽、學術交流等

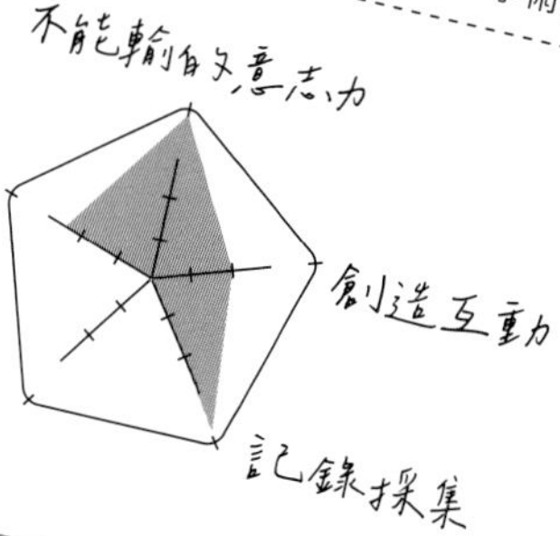

追尋回憶裡的光　為漁村故事顯影

文字——曾怡陵
攝影——陳怡絜

KEELUNG 東北風 BADOUZI

寂寥的八斗子巷弄中，一棟公寓掛著「八斗子漁村文物館」的字樣，牆面寫著：「有一個可以思念的海邊故鄉，是多麼幸福啊！」當漁村繁景不再，生猛的討海事蹟也沉入海裡，乏人聞問。但一群人用地方刊物《東北風》繼續打撈故事，讓漁村面貌藉文字鮮活起來。

《東北風》的撰稿人高旗走入文物館，看著漁村文物像是重逢老友般喜悅，記憶的浪潮忽地洶湧而至。他憶起小時候在海邊撿拾用來保存貨品的蠟磚，隔水加熱作為照明等，種種經歷一股腦兒傾洩而出。還沒說完，另一位撰稿人杜世寬也來到，高旗熱情地上前擁抱他心目中的大文豪。

頭髮已白的杜世寬說他前一天才在海裡游泳看魚，說起漁村記憶也是思緒飽漲無法煞車，大夥隨著他採石花菜、用焚寄網抓魚的記憶波浪上浮下沉，鼻息中有了海的氣味。

以文字為工具，捲動地方的愛

會有《東北風》，得從文物館說起。創辦人許焜山說：「我對海的感情太深了，童年的遊樂場是八斗子海邊，玩具就是漁具。」也因此，過去在經營貿易公司時，常藉出差的機會拜訪各國海事博物館，也興起在家鄉成立文物館的想法。經歷多年的醞釀，2013年8月《東北風》創刊號出刊，八斗子漁村文物館隨後掛牌運作。

文物館蒐集的是物件，《東北風》保存的是故事。為了記錄故事，許焜山在村內尋找具有漁村生活經歷又能執筆者，匯集了一群深愛八斗子的人。

杜世寬曾參加文物館與海洋文學作家廖鴻基舉辦的「海岸寫作讀書會」，也投稿《東北風》，一字一句刻畫過往的美好。回憶漁村興盛時期，來訪親友總是提了滿手的漁獲回家，漁獲與人情同等豐沛。1979年，八斗子漁港建成，大船入港停泊，當地人抱怨小船都被大船擠壞了，杜世寬心中「小而美」的感受也隨之變調，如今只能透過書寫回味。

許焜山海洋大學海洋文化研究所的學長高旗、因推動社造工作而與許焜山相識的杜秀蓮，也成了《東北風》的撰稿者，他們都經歷過漁村的刻苦生活，藉由文字再現過往。杜秀蓮是素人，但文章傳遞的真摯感情感動了許多人。許焜山說：「這驗證我常講的，只要把情感寫出來，就一定是好的文章。」

《東北風》前編輯、七年級生藍紹芸編著編著也開始寫，雖然生於八斗子，但對漁家生活只有模糊的概念。藉由上一輩撰稿者們的文字，以及後期親自採訪所獲得的珍貴片段，得以拼出家鄉舊時的完整面貌。

追趕、記錄即將消失的生命軌跡

漁村的歲月夾藏著故事，有探索不盡的寶藏。許焜山身上隨時備著錄音筆，不想錯失每一個故事。「做這個刊物，真的是在跟時間賽跑！」耆老不斷凋零，他只能用有限的時間搶救即將被時間淹沒的故事，也遊歷一個個人生精華場景。

他依然記得已逝的第二期報導人許清標，不僅向他全盤道盡跟海龜學吐氣等特殊經歷，也把潛水捕撈用具全數送到文

▶ 文物館一樓為展覽空間，二樓現出借給學生做課輔。

▲ 漁港附近正是許焜山等人幼時下海玩水的回憶之地。

◀ 許焜山總在文物館內進行編務，座位後方貼滿來訪團隊照。

文物館的好鄰居夫婦，以前常會幫忙開館迎客。

▼ 除了賣雜誌，文物館內也有明信片、筆記本與馬克杯等義賣品。

▲許焜山常至八斗公萬善祠與鄉親聊天並補充新刊。

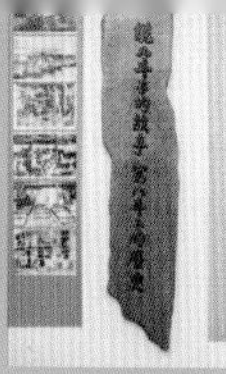

影響《東北風》最重要的三本作品！

在做刊物的漫漫長路上，
向他人取經是編輯補充彈藥的重要方式。

BOOKLIST　總編輯推薦書單

（圖片提供／木馬文化）

（圖片提供／聯經出版）

不能被打敗的意志展現──《白鯨記》／《老人與海》

「在海上漂泊或擋風戰浪，是討海人一定要經歷的事。但這對他們來說，代表了什麼意義？」許焜山說，同樣在談人與魚搏鬥故事的《白鯨記》和《老人與海》，隱藏深刻的哲思以及「可以被消滅，但不能被打敗」的精神。他在訪談鏢魚人時，也在他們身上感受到相同的意志，「他們覺得鏢旗魚『輸人』比『沒有賺到錢』更難以接受。」這樣的動力也在他的體內流動著，即便人力缺乏，也能持續不斷地為《東北風》投入戰力和意志。

老船長的第一手記錄──《風雨海上人》

「我不是作家，因為我深愛這片土地，所以我要為後代子孫留個根。」扉頁的一段話，正呼應《東北風》的初衷。八斗子船長杜披雲擁有與魚拼鬥的真實經歷，不管是討海紀實、心理層面的刻劃和地方俗語的記錄，都值得深入研究。

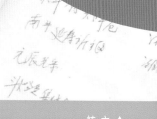

▲高旗每年約會寫滿六、七本筆記本記錄參訪與田調觀察。

物館。「後來他生病了，還叫兒子推輪椅來文物館看一看。」

同期報導人、藍紹芸的爺爺藍慶輝，總是一個人駛著單薄的櫓仔撿海膽，從金山燭台嶼到貢寮的澳底港口都是他的活動區域，範圍之大令人咋舌。而為了送貨到台北，人生地不熟的他只能搭計程車，上了車默數每隔幾支電線桿跳一次錶，久了也就識路了。藍紹芸說：「透過他人訪談的文章，我才知道原來阿公以前為了生活這樣拚命。我雖然會聽但卻不太會使用台語，平常也不會特別跟阿公聊天，或者他也羞於表達吧。」

《東北風》勾動編輯與作者對地方的情懷，那麼其餘當地人，如何看待這本刊物？「文字對他們來講，很遙遠。」許焜山固定在附近的福惠宮擺五本刊物贈閱，一向少人拿取。但在一場文物館舉辦的老照片說故事活動中，年邁的村民搶著發言，「後來都是他們在講，我都沒有在講。」而說到文物館，當地人從起初的一頭霧水，現在會跟遊客介紹：「文物館留阮八斗子的物件，真讚喔！」他表示：「要在這邊蹲點，蹲到讓大家接受，需要時間。」

文化保存的漣漪，隨刊物一圈圈擴散

老一輩的人藉由《東北風》，讓大家看見故土窮苦卻知足快樂的生活與現時的漁村脈動；而年輕一輩則藉由這些文字連結生命的根源，得以用嶄新的目光重新看待家鄉。

《東北風》宛如一個起點，串起了不同世代的漁村人，以及不同地域的漁村事。許焜山以八斗子為基地，將自己對漁村的關懷擴散到外地。他曾赴日本伊豆半島採訪海女，也曾為了探訪八斗子杜氏家族的泉州馬鑾鄉祖廟，順訪泉州沿海漁村記錄風土民情。長年對八斗子的耕耘更吸引外部研究團體的注意，如日本神奈川大學有一批研究東亞各地海女文化的學者，對日本本地、韓國濟州島與台灣東北角的海女深感興趣，許焜山便接待他們來八斗子進行密集的考察與訪問，最後協力完成《臺灣海女民族誌的研究》一書。

八斗子的漁村文化與記憶，也透過各種形式傳承下去。如許焜山隨鏢旗魚船出海拍攝紀錄片，期待有朝一日透過影像，讓更多人看見獨具一格的鏢魚技藝。三不五時，他也會帶漁村導覽，從幼稚園、國中小到海洋大學的學生都曾踏足文物館聽故事，甚至還為此擬定八大主題：「八斗子漁村的發展歷史」、「討海人的生命紀實和討海生活」、「八斗子漁民的宗教活動」……等客製化導覽內容，務求讓人滿載而歸。

豐富的文化保存行動圍繞著刊物開展，不過，原點依然還是《東北風》。「真正的快樂就是發刊，刊物不能停，唯有文字記錄，可以不受時空限制，一直傳承下去。」

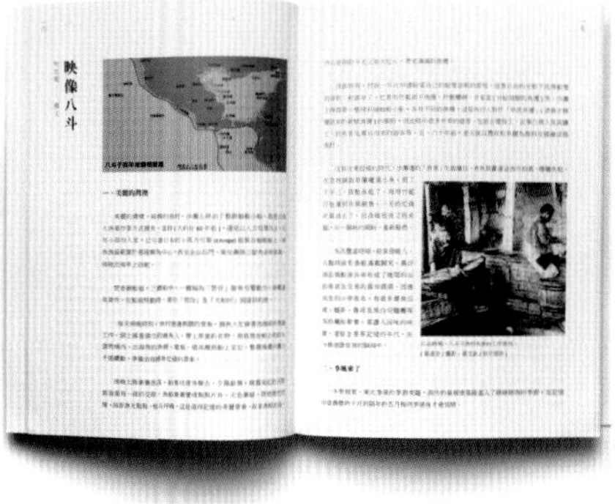

總編輯精選文章

第 20 期

杜世寬〈映像八斗〉

八斗子有許多討海人擁有豐富的海上經驗，但礙於文字表達能力無法書寫。〈映像八斗〉的作者杜世寬不僅兼具漁村生活及出海的經驗，也有絕佳文筆，是《東北風》重要的撰稿人。

〈映像八斗〉描繪了八斗子美麗的灣澳、東北季風來臨時的風俗、信仰中心「度天宮」媽祖廟的往事，以及採集石花菜和出海抓魚的記憶。當中有許多八斗子漁村子弟熟悉的場景和經驗，例如傍晚時，準備出海的捕魚人綁著頭巾，將魚網、電瓶等物品搬到船上就定位，整個海灘千頭鑽動。又如颱風時，全村動員將小船推上陸地以躲避大浪，他們用木板鋪軌，十人一組，一人發號口令「ㄟ嘞——ㄟ嘞——」，用力推動船隻。此起彼落的吆喝聲，至今仍然迴盪在許多老一輩八斗子人的腦海中。

第 6、7、8 期

杜秀蓮〈沒有掌聲的討海人〉（上、中、下）

〈沒有掌聲的討海人〉講述杜秀蓮父親的一生，文中有她對父親的深厚懷念之情，也可以看到許多具有時代和地方性的台語對話。例如「在庄子裡，要跟人站起，沒一隻船哪ㄟ用哩！」當時漁民住得簡陋，但一艘船造價動輒千萬，是重要的生財工具。

杜秀蓮透過樸實的筆觸，生動地描繪父親的實驗精神。像是設計更大更好用的漁網，吸引許多漁民偷偷丈量。或是為了騙到大型東方齒鰆上鉤，將青旗魚頭接上秋刀魚身成誘餌。文中講述家族船隊不斷成長的歷程，以及父親逐魚群而居，最遠到海南島等故事，都是可以探究漁業發展的重要資料。此外，年輕男性若被抓到炸魚而入獄，為了能夠捕魚養家，多半由婦女頂替，也能看出當時默默付出卻毫無怨言的女性形象。

內頁排版

以文字為主體，佐以不少作者親自拍攝的作品或珍貴的八斗子老照片，如八斗子魚寮的今昔對比照，以及由許焜山撰寫的〈尋找藍紋〉熱帶魚文章，搭配他以輕便的 Olympus 防水相機潛水攝下一系列海底生態照。有時也會穿插簡易繪製的地圖，例如杜世寬以小畫家拉出記憶中的七斗子地圖，或專訪刺海膽專家藍慶輝時，以地圖標示出他的北海岸潛點。此外，由於文章很常使用台語文字詞，因此版面也會出現大量相關註釋。

封面特點

封面照片呼應當期內文或那陣子八斗子發生的重要大事，許多期都由熱愛攝影的前編輯沈得隆操刀，如談到海女的第 11 期配上三位婦女的「海邊拾穗」照，第 15 期恰逢社區居民組織的八斗金獅團參加基隆市戲劇節活動，因此金獅團表演照便躍上封面。不定期發想特輯主題，過去曾做過海人的生命故事，以及八斗子的漁家婦女、漁村往事和文藝人士等。

東北風，十年大圖解！

單元結構

有別於一般雜誌會區分封面故事和專欄，《東北風》不是每期都有封面故事，因此全本通常以一篇篇記事、記人、記物的散文或專訪組成，較長的文章則會分數期刊登，如〈沒有掌聲的討海人〉於第 6 期一亮相就長達近萬字。

有些由許焜山本人執筆，有些則來自八斗子村民的投稿或口述，比如熟捻台灣文學的杜昱暾常連載小說創作，或曾是高中老師的王輔羊以短文解析台語字詞、字義。早期另有「八斗子地方人物回顧」與「漁村文物館籌備處文物典藏介紹」等專欄。

出生於基隆外木山，與東邊的八斗子遙遙相望。家中務農，但有時長輩也會跟著船老大出海。

PROFILE **投稿人／資深讀者** 高旗

高旗念海洋大學海洋文化研究所時，得知學弟許焜山正在籌備漁村文物館，開始從旁觀察，被許焜山投入的心力撼動。「八斗子是我的夢土」，他過去在台灣中油公司擔任工會代表，利用到台灣各地開會的餘暇做文史觀察。在加入「雞籠文史協進會」後，常跑八斗子做研究，發現當地人文薈萃，也因此當他看到詳實記錄八斗子面貌的《東北風》，如獲至寶。

藉由《東北風》，高旗可以無限地想像海上的情景。例如創刊號的〈擋風戰浪鏢旗魚〉中，八斗子漁人在強浪中的平衡感，與魚搏鬥的剽悍和自信，那是住在外木山的他未曾聽聞的。第17期〈尋找藍紋〉中潛水尋覓熱帶魚的經驗，喚醒了他過往的記憶。此外，許焜山探訪福建泉州漁村等田調資料，對他來說也極富學術價值。

高旗除了投稿，也回捐稿費。他認為自己沒有給予許焜山足夠的支持，講述許焜山的兄長會定期寄錢給許焜山時，生動的言談瞬間定格，緩緩流下淚來。他能做的是逢人宣揚，期望《東北風》和八斗子漁村文物館的價值被看見。他如此定位許焜山：「南有許文龍，北有許焜山。焜山兄的蒐藏規模雖不及許文龍，但對文化的琢磨，是同等的用心。」

由於年輕一代已經沒有過往漁村的生命經驗，不重視也難有共鳴。高旗認為，也正是因為漁村文化的意識正在流失，才更凸顯《東北風》的重要性。

參與刊物的關係人

PROFILE 投稿人 杜世寬

出生於七斗子，小時候常靠採集海菜或捕魚打零工賺錢，長大後在北部火力發電廠（今海科館）任職，一生都在基隆度過。

杜世寬開始在《東北風》投稿，是退休以後的事。他從北部火力發電廠與基隆協和發電廠退休後，時常想起在漁村的童年回憶，便聽從女兒的建議動筆記錄，也報名參加廖鴻基的「海岸寫作讀書會」。他笑著說，過去工作時寫的都是紀錄文件，只求清晰表達，不需要太多的描繪。他曾寫了一篇採石花菜的文章，在廖鴻基的建議下，把心路歷程都寫出來，原本兩頁的篇幅因此擴充到十幾頁，這才讓他知道原來寫作是這麼回事。

寫作讀書會辦在八斗子漁村文物館，也讓杜世寬與許焜山重逢。他與許焜山在童年時結識，當時他住七斗子，常在海邊抓螃蟹、採石花菜。八斗子孩子的玩法則不同，孩子們都抓熱帶魚，「我們大家都互相認識，有時候在海裡會碰到。」

因為許焜山的邀約，杜世寬投了〈消失的金色沙灘〉和〈映像八斗〉兩篇稿。〈消失的金色沙灘〉談漁港興建後消失的沙灘，以及過往在沙灘上看蟹貝類等經歷。〈映像八斗〉述說童年時的漁村景象、採石花菜及出海捕魚等往事。回憶起十幾歲出海的經歷，下錨、起錨等粗重工作常讓他手掌破皮，也曾在風浪大時，看過一條鯨鯊從船下游過。「大自然的環境會訓練出冒險犯難的人格，看待事情也會比較開闊。」

杜世寬有過幾位想訪談的對象，但沒有把握時機，長者接連逝去。他肯定許焜山辦雜誌的用心，透過積極地訪談地方耆老，為八斗子留下許多寶貴的故事。

PROFILE **投稿人** 杜秀蓮

祖先從福建來八斗子，世代以捕魚維生，童年會和哥哥到海邊撿海膽、敲海蚵。長大後到台北念書工作，時常回八斗子探望家人。

杜秀蓮在《東北風》最具代表性的作品，是〈沒有掌聲的討海人〉。她過去常聽當船老大的父親講述過往的海上奮鬥史，心生敬佩，想將他的故事寫下來。父親在病情末期開始述說過去的經歷，她便著手記錄。

由於是寫作的素人，一開始不知如何透過文字轉換時空場景，在許多朋友的建議與協助下，花了五年撰寫文章，最後寫成三萬多字的〈沒有掌聲的討海人〉。後來又因為許焜山的鼓勵，將文章登在《東北風》。

「一般人會認為如王永慶等富豪名人，是因為多認真而成功。但有太多像我父親這種小人物，努力並不輸這些人，可是他們只能得到一家的溫飽。」杜秀蓮也說道，大眾對討海人的印象是「頭上綁個毛巾，褲管捲起來，講話很粗魯」，但也有像她父親那樣不甘於既有傳統捕撈方式，不斷實驗創新漁法的勤懇討海人。此後，她又透過書寫自己的姑姑來呈現漁村村民的生活。「大家看過《礦工的女兒》、《鹽田兒女》等文章戲劇，但可曾看過漁村婦女、孩子如何生活？如果不寫，誰會知道？」

第一篇文章刊登後，杜秀蓮慢慢地對寫作產生興趣，又投送〈八斗女兒，七斗媳婦〉、〈魔神啊來了！〉等作品。她感謝《東北風》作為她暢快抒發文字的平台，也詳實記錄了早期八斗子的漁村文化。

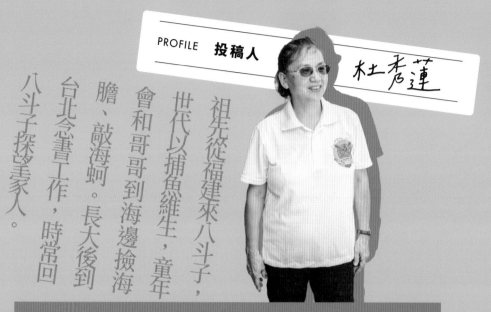

參與刊物的關係人

出生於八斗子，爺爺是討海人，父親曾跟著爺爺潛水撿海膽。

PROFILE 前任編輯 藍紹芸

藍紹芸是《東北風》的前任編輯，實際參與的期數是第3期（2014年11月）到第19期（2022年12月）。過去曾在基隆的物流公司及學校任職，沒有編輯相關經驗。編輯技能從做中學，她跟著許焜山訪談、為文章校稿、蒐集圖文給設計公司編排版面，到後期也試著自己採訪、撰寫文章，自學排版軟體並擔任美術編輯。在摸索的過程中遇到不少困境，例如台灣早年海邊嚴格禁止拍照，因此少有照片流傳下來，提高配圖的難度。而台語文能力的喪失也導致她在校對、訪問的過程中感到吃力，必須慢慢理解學習。

透過編輯的過程，藍紹芸重新認識、想像自己的家鄉。像是第15期杜世寬的〈消失的金色沙灘〉裡，描述八斗子曾經擁有一片富有生機的沙灘，是她未曾見過的。「有這些文字紀錄，我才了解原來從小生活的地方曾經有這樣的歷史、風景和生活過程。」而第3期的《八斗子漁家婦女》中，那些織補魚網、整理魚貨的雙手展現的母性光輝，至今仍在她腦海裡閃爍。「講到漁村，大家可能都會想到男性的臉孔，其實要撐起一家生計，女性與男性同等重要。」

藍紹芸感慨地說：「漁業的資源正在慢慢崩解，願意從事漁業的人也漸漸被外籍移工取代，未來台灣漁業還有人傳承、繼續從事捕魚嗎？」對她來說，《東北風》無疑是傳承漁村文化的重要媒介。

ZENGWEN RIVER BASIN 小事報

（攝影／龔義昭）

02

LOCAL PRESS FILE

創刊時間	2019 年 8 月舉辦第一屆編輯營
開本	4K
頁數	單張，雙面共 4 頁
發刊頻率	一年一期
印量	約 1000 份
售價	免費
目標讀者	學生、家長、教師、社區與教育關懷者
經費主要來源	文化部地方藝文扎根計畫、台南市政府文化局、台南市和通文化基金會、財團法人台南市文化基金會
索取點	該屆參與國小、總爺藝文中心的小事報常態展覽室
其他行動	大地藝術季

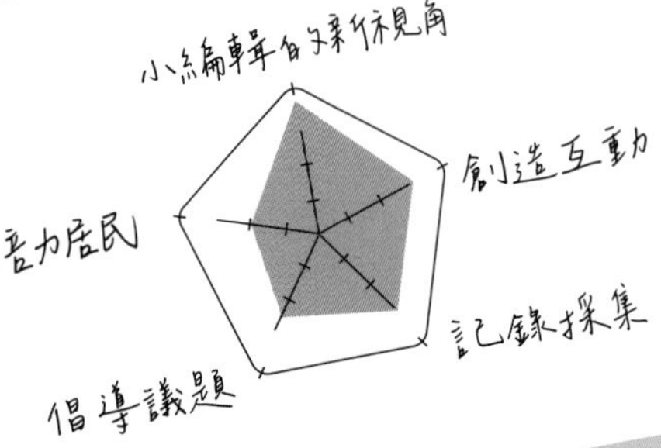

♩什麼是我看見的 我要寫下來♪什麼是我聽見的 我要錄下來♫ 那些從土地來的故事啊

♫用我的語言 納入小視界 ♩ 用我的報紙 傳送大世界

小事報編輯工作營結業典禮上，曾文溪流域上中下游的孩子們齊聲唱著小事之歌《小視界，大世界》，像在驕傲地宣告：他們踏查過，而且編成報紙出刊啦！

以流域重歷地方，小事也能匯集成大河

文字、攝影——邱宗怡

▲ 安業小編校稿時害羞地發現她們將棉被寫成「小被被」。

▼ 珈雅瑪瀑布跳水儀式是小編的受職典禮。

▲ 小編隨獵人下溪谷學習「溪流的知識」。

◀ 雨夜山屋裡，獵人老師唱著〈恰似你的溫柔〉。

第五屆小事報編輯營首日一早，台南的官田、渡拔、安業、土城四所國小在麻豆總爺藝文中心集合後，再上阿里山與嘉義的中興、茶山國小會合，這才全員到齊，營隊正式開始。為什麼營隊會跨越台南與嘉義？又是什麼串起這六所學校？

有一道水，串連了一千多平方公里的「地方」

攤開地圖，跨越縣界貫串六所學校的線索壯麗鋪展開來，那是曾文溪。但曾文溪並非一開始就進入小事報團隊的視野。2019年，當文化部提出「地方藝文扎根計畫」，台南藝術大學的龔卓軍教授率博班學生、《藝術觀點ACT》編輯團隊並邀請親子作家洪淑青，向總爺藝文中心提案，要帶小學生編報紙。當年規劃了長達四週的暑期營隊，週一到週五上午，為安業國小四、五年級學生上課，包括昆蟲、植物、文史踏查、採訪、影像和編輯等，「當時課程內容還沒方向，僅抱著教他們編採的初衷。」

2020年，團隊開始籌備大地藝術季，龔卓軍組織小團隊上山踏查，始認識鄒族獵人——達邦部落的安孝明與茶山部落的巴蘇雅，讓獵人帶路，深入鄒族的傳統山林。當年暑假，第二屆小事報課程就多了這兩位老師。自此，小事報開始以「曾文溪流域」作為地方來思考，上中下游各選兩所學校，重新布置。

▲青農旗哥把小編「撇下去」，實習捲秧苗出貨。

▼小事報成員們齊聚達邦，與獵人安孝明合體。

▼除了寫文稿，小編也自己繪製插圖並剪貼編排。

曾文溪流域踏查在第三日傍晚來到出海口。

為何關注重心轉向流域？人類學家劉益昌曾提出「以土地為主體」的概念，認為族群文化的演化來自土地的支撐，其中，不論生物活動還是人類文明，流域都是「關鍵帶」（critical zone）。因而，儘管傳統「地方報」多為採集一處地方上的事物加以報導，第二屆小事報卻開始視曾文溪全流域１１７７平方公里為地方單位，「因為上中下游不是分開的，都圍繞著一條河，由同一道水貫穿。」小事報企劃編輯，同為南藝大教師的龔義昭如是說。

用自己的筆，寫下親身踏足的土地

獵人安孝明向小編們解說鄒族家屋時，家住曾文溪出海口的孩子問他：「淹水的話房子怎麼辦？」安孝明禁不住失笑：「這裡這麼高，根本不會淹水啊！」而當小編們跳入茶山珈雅瑪瀑布，與溪裡悠游的高山鯝魚一起玩過，再去到出海口便很難不被嚇到：「這真是我在山上看到的那條河嗎？為什麼如此不一樣，這麼多垃圾？」

當六校小編們在短短幾天內從上到下游走一遭，山林、農田、海口的地景與人們的生活方式，便瞬間被並置在一起，產生巨大衝擊。「到現場去，走過去看、去聽，這比在教室裡用圖片解說效果好太多。」龔義昭以第三屆課程設計為例解釋：「我們跟小朋友說：『請你找你附近的一個人或一條路，帶我們去看。』」所有書寫與報導，豈不都來自現地經驗的發酵？「這是教育信念，經驗第一。不管最後有沒有辦法在報紙上寫出來、畫出來，但只要他們確實踏上了那些地方，我們口中的事物出現在他們眼前，經驗就存在了。」

那為何要生產報紙呢？親子教育作家洪淑青是小事報創刊編輯之一，帶領小編們書寫。她利用踏查活動空檔，聚集孩子們，請他們安靜閉上眼回憶，再用關鍵字簡單記下影像、聲音、觸感、味道，例如第一晚在部落，安孝明與中興國小校長親手料理的豐盛晚餐。洪淑青相信，經驗輸入後必須再輸出，「書寫、畫畫、說出來，經歷了各種輸出，才真正學會。所以讓小朋友練習寫東西是很重要的。」

對於不在現場的讀者，小事報引發的效應也比龔義昭原先預想來得大。儘管只是一張A3大小紙張，四個版面，但除了校錯微調，其他全是小朋友自己寫、自己畫，引發閱報成年人的無窮想像。「報紙放在大地藝術季展間，很快就被拿完，很多人想在自己的社區或學校模擬這個行動。這個暑假，一位馬祖的老師就模擬了一次。」

鄭竑勻在茶山國小任教時，以隨隊老師身份參與小事報，他觀察到，對於需要結合社區力量交織教養網絡的偏鄉小學而言，小事報成為很好的媒介：「我們把小事報放在學校附近的早餐店，讓家長、社區看到學生們編出來的報紙，那一年的『茶山刊』有傳統家屋、瀑布，無形中拉近了社區與學校的關係，提高家長對學校的認同，讓我印象很深刻。」

Day 2 瀑布洗禮

踏查上游河壩後，前往茶山部落珈雅瑪瀑布，自製竹水槍、打水仗，並接受編輯授職儀式——跳水。順溪而下，認識曾文水庫。

Day 3 農人帶路

中游農業區，讓農人帶路：聽偉哥講解稻米知識、吃割稻飯；到旗哥的育苗場捲秧苗、灌蟋蟀。再追夕陽追到台灣極西點國聖燈塔，止步海口。

Day 4 編採課

在總爺藝文中心上課，學習寫報導、寫詩、下標題、排版與編輯。上完課後，小編們焦慮地寫寫寫、畫畫畫，只有半日，還不能拖稿！

Day 5 出刊日

以 ACT 團隊熬夜排版的初稿學習校稿，持續書寫繪畫，再與 ACT 編輯團隊來來回回豐富、完整版面。結業典禮的同時，小事報出刊。

編輯營通常在每年八月舉辦，本屆營隊歷時五天，最後誕生一份小事報。在這五天內，六校小編們都經歷了些什麼呢？

何謂「小事」？創刊編輯郭嘉羚定錨——「小事就是要緊的事」。洪淑青則有另一番詮釋：「是從小孩的眼光出發，用小孩的眼睛觀察。跟孩子討論，如果孩子說『我就是要這樣寫』，我們就尊重他，他們的感受與表達，是最珍貴的。」

鄭竑勻了解那份珍貴是什麼，「茶山資源有限，孩子很少有機會學習採訪、編刊物，小事報帶給茶山孩子的是從沒有過、全新的經驗。」他看過孩子們在筆記本寫下問題，準備去採訪別人時發光的臉；他回憶起這一幕時，遠眺的眼裡也閃現光芒。

並且，「小朋友是能寫出報紙的！」第二屆就加入的影像記錄黃玟臻肯定地說。她回憶某堂影像課，龔義昭等老師們只教設備如何操作，六校就各自帶出去採訪了，隨後小編們再自己下載軟體剪出影片。「我們常小看孩子的學習能力，他們其實超厲害，他們做得到。」

「藝術教育是要去塑造人，人如何可以進入被塑造的狀態？我覺得是讓他的身體起變化。這在課堂教室中是辦不到的，唯有到現場去。」龔義昭如此思索小事報。而當每個去到現場的人都起了變化，洪淑青相信，小事報正交織出一張「混齡的學習網」。

「這其實是一個決心，要改變我們自己。」為將更多人捲入現場、關心屬於曾文溪流域的所有小事，龔卓軍帶頭走路，再藉由不僅是一份刊物的小事報，去擴大、維繫關聯，讓生活總有一部分，根植於經驗現場。

SMALL THINGS NEWS　直擊！小事報 5 日編輯營

Day 1　獵人帶路

中下游四校會合上阿里山，體驗了中興國小茶席後，六校齊聚，拜訪達邦部落獵人安孝明，認識鄒族文化，夜宿傳統屋。

渡拔號

「一塊秧苗 36 元！」呈現客觀數據又不隱藏小編主觀情緒的頭版，讓人印象深刻，更教人莫名想吃「秧苗捲心酥」。住在農村的孩子充滿驚歎號地體驗了鄰近的稻米生產，也對遙遠鄒族的狩獵採集文化悠然神往，「心生敬畏」地熊抱了安孝明老師。

（每屆都不同的）標準字

每一屆的小事報標準字都來自龔卓軍的靈光一閃。第一屆是毛筆字，第二屆是在山上烤火時用碳塊畫在石頭上而成，第三屆是由桃花心木種子所排列，第四屆回歸毛筆字……這一屆則是在荷蘭散步時，用路邊的土壤排出來的。

安業號

文字與插圖報導都極為細膩詳盡，充分以圖文解說踏查過程中各種知識的學習，最後一版「番外篇」揭露放空時刻，格外有反差驚喜：睏倦、肚子餓，以及「來到另一個世界，聞著新鮮的空氣，好香」，呈現出在現場的身體感。

中興號

如同最後一版「茶席經驗談」所呈現，三個小編們對茶湯甘苦有種種味覺感受，中興國小的茶席教育讓孩子敏於感覺，對踏查的描繪因而也充滿感官記憶：「到現在我還記得飯的香味」、「被紅螞蟻咬了，很癢」、「那裡的風鹹鹹的……海浪的聲音轟隆轟隆的」。

第五屆小事報，全圖解！

土城號

曾文溪出海口孩子的頭條，是上游達邦部落踏查經驗與鄒族獵人安孝明的口傳知識，手繪曾文溪流域的配圖，則彷彿定位出他們一路用暈車體感銘印下的——上下游一體的地方感。翻開內頁，大大的土城包子介紹，又把味覺帶回到熟悉的海口。

茶山號

族語書寫是茶山號最為與眾不同的特徵，例如，以「mo’o 老師」稱呼安孝明老師，水鹿也寫作族語「ua’chumu」，並且設計了「族語知識補給站」欄位，一邊實用地分享給讀者各民族入門族語，一邊也在語言文字的層面上，提醒讀者對多元文化敏感並尊重。

官田號

整份報紙充滿了手寫手繪的田野筆記，包括身處環境、學習到的知識與技藝流程，稚嫩的字跡滿是童趣。表達雖然稚拙，但封面繪圖與副刊的詩反覆描繪了阿里山的星星、阿里山的聲音，透露出是什麼沉澱在孩子心底，不斷發光。

PROFILE **課程講師** 安孝明

從第二屆小事報編輯營開始擔任課程講師，教導孩子們鄒族的文化與知識。

2020年因為大地藝術季，鄒族獵人安孝明應龔卓軍邀請加入小事報。在此之前已有多年在達邦國小、樂野國小、茶山國小帶部落孩子上文化課，也長時間帶領台北童軍團的暑期山野教育，儘管如此，在參與大地藝術季與小事報之前，始終未有機會與曾文溪流域下游交流。

小事報教學與帶部落孩子是不同的：部落孩子從文化源頭學起，長時間依循脈絡由淺至深；小事報營隊則時間短，需要短時間能講完、具體可見可觸摸的東西當教材，例如傳統屋。

相比於都市的孩子，山上孩子害羞，不太主動提問題，這反而給了安孝明很大的訓練，學習如何引導孩子，「我會讓孩子實際操作，實作時身體會記憶那個動作，記得眼睛所見。」這些環境與文化上的對比與落差，對孩子造成經驗上的衝擊，自然帶動了反思。

從歷年小事報可以發現，許多平地孩子很崇拜安孝明老師，「我只是分享我知道的給我們的後代，不限定在自己的族群。」安孝明認為所有族群文化都是地球上的資源，反過來說，任一族群消失了都是人類的損失。所以除了傳給鄒族孩子，安孝明也樂於將鄒族文化教給他族的孩子。在教他族孩子時，他總會想：「我能不能以鄒族文化引導他們重新回頭認識自己的文化？」

「對孩子的教育像撒種子，能在他們這麼小的時候，就把種子種入他們心裡，自然很期待它們能發芽。」小事報對安孝明而言，彷彿播種與期盼，「想要去相信，未來因此會不一樣。」

參與刊物的關係人

歷任兩所學校的隨隊老師，肩上扛著與孩子們溝通、轉譯課程內容的重要任務。

PROFILE 隨隊國小老師 鄭竑匀

鄭竑匀擔任第二屆小事報隨隊老師那年，在茶山國小任教；後轉至中興國小，也參與第三屆小事報，為正逢疫情的營隊線上教學，提供許多協助。今年雖考到雲林的小學，仍向新學校請假三天回來小事報，幫忙擔任隨隊老師帶中興國小的孩子。

由於第二屆還沒有小隊輔，只有隨隊老師，所以儘管被告知只要陪伴，現實上不可能如此，「畢竟要生出報紙，還是需要協助引導學生，尤其營隊內的老師都是大學端老師，授課方式和教小學生有很大落差，需要協助轉譯成小朋友能懂的語言。」又要全時陪伴又要引導孩子的過載經驗，讓小事報編制再度升級，自第四屆開始設置小隊輔——「報衝小組」。

第二屆時鄭竑匀是代理老師，聘期在暑假期間是中斷的，「營期剛好是在我沒有薪水的時候，我可以理所當然缺席或放空，可是孩子需要我啊。如果這件事對孩子有幫助，多付出一點又何妨呢！」就像這次，哪怕根本已經離開曾文溪流域學校，也非要跟新學校請假來參加。

「我在進入偏鄉以前也會覺得，產出一個東西沒有什麼，不過就是一份報紙，但當回頭看這些曾經帶孩子做過的事，尤其在資源有限的茶山，孩子的反應讓我印象深刻。」作為小學老師，鄭竑匀深知小事報教給孩子的正是108學年度新課綱強調的「公民素養導向教學」：孩子自主完成共好的事情，以專題方式學習。「在小事報獲得的能力是他們能帶著走的。」為了這點，鄭竑匀便無所謂是否工作過量了。

一人身兼多職，包括攝影記錄、成果影片剪輯等，是編輯營的萬能助手。

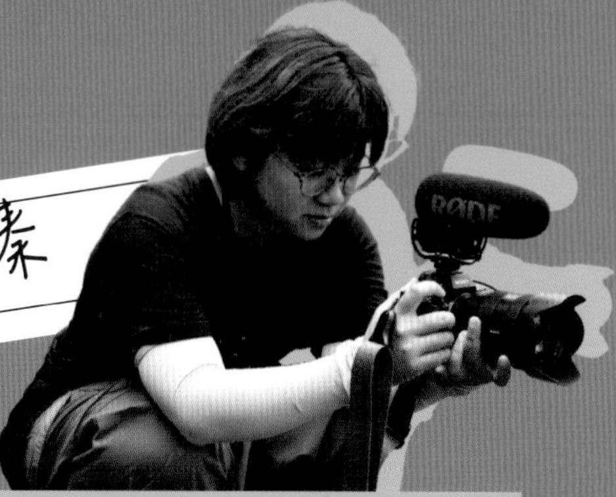

PROFILE **執行編輯** 黃玟臻

就讀元智大學藝術與設計學系大三時，黃玟臻因為修了小事報創刊編輯郭嘉羚的課，被招來小事報工讀，負責影像記錄與網路小編。本來只是想賺零用錢，卻因為感覺大夥好像家人，從此留了下來。

機緣是第二屆營隊的第一天：騎機車前往營隊的路上，黃玟臻就出了車禍被送往急診。她拖著輕微骨折的手直奔營隊，本來擔心耽誤流程，迎接她的卻是大家的關心照顧。「不像工作關係，反而很被照顧，這些人來小事報不是為了錢，而是相信這個活動有意義。」

黃玟臻於是報考南藝大音像紀錄研究所，「為了想繼續跟這些人一起工作」，她不好意思地笑著說。

第三屆因為疫情，暑期營隊改為學期中的帶狀課程，小事報編輯們每週三到校上課：上中下游六校分別各有兩位編輯與支援的大學生，一起帶領踏查和編輯工作。當時所有編輯都由博班生支援，他們還同時分別是大地藝術季分項策展人，「我是裡面年紀最小的，眼看所有人都忙壞了，那是最累的一年。」她當時因而擔心小事報結束，卻也發現小事報若結束，她將會感覺好可惜。

經費吃緊，公部門認為小事報CP值很低，一屆只影響十幾個小學生。黃玟臻卻不認同：「我們這些大學生、研究生其實也在過程中深受影響。我都跟學弟妹說：來這裡學習，這根本是一個共學團體。」

在小事報，她看著大人們如何以身作則，影響著小朋友，而她自己也在這年復一年的學習中，長成自己心目中的大人。「要好好做一個大人，」黃玟臻說，「是我在小事報最大的學習。」

刊物名／關注地域／創刊年

收錄近五年來新發刊、仍持續出刊的獨立地方刊物，與改版上路的政府地方刊物

LOCAL PRESS 001

地味小報

資訊超載

瘋狂時發刊！

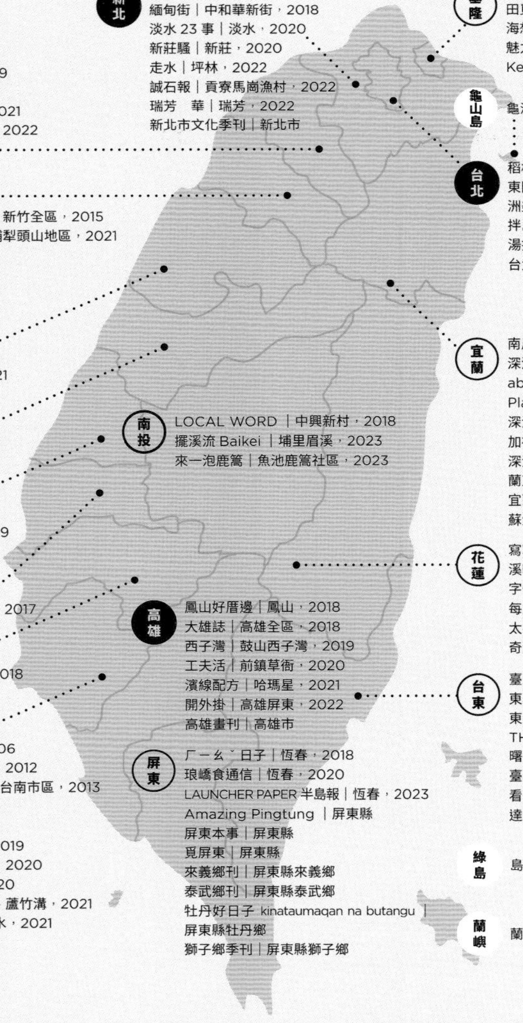

桃園
耕新報｜新屋，2018
實況中壢｜中壢，2018
龜山不是島｜龜山，2019
住南崁｜南崁，2020
富岡慢走｜楊梅富岡，2021
空城現場｜大園、蘆竹，2022
桃園誌｜桃園市
众聲｜桃園市

新竹
逐步東行｜竹東，2014
貢丸湯新竹地方生活誌｜新竹全區，2015
犁頭山水話｜竹北、新埔犁頭山地區，2021
手工孢子｜香山，2021
眉本事｜峨眉，2023
IN 新竹｜新竹市
藝文手帖｜新竹縣

苗栗
山海集｜竹南，2018
苗圖紙｜苗栗全區，2021

台中
溫度｜台中全區，2012
微觀｜台中全區，2020
小報石岡｜石岡，2023
漾台中｜台中市

彰化
今秋誌｜鹿港，2018
炯話郎｜彰化市區，2019
員林紀事｜員林，2019
美好彰化｜彰化縣

雲林
雲林食通信｜雲林全區，2017
雲林生活｜雲林縣

嘉義
聰明誌｜嘉義中正路，2018
桃城晃遊｜嘉義市
＋1＋1＋1｜嘉義市

台南
路克米｜台南市區，2006
透南風｜南部鄉村地區，2012
WuTalk！台南在地誌｜台南市區，2013
正興聞｜正興街，2014
藝志｜台南全區，2015
小事報｜曾文溪流域，2019
叩問影像在地誌｜新營，2020
轉個灣｜永康大灣，2020
倒風島豐｜北門三寮灣、蘆竹溝，2021
Kiâm-tsúi 心適代｜鹽水，2021
美印臺南｜台南市
悠活臺南｜台南市

新北
淡淡｜淡水，2015
緬甸街｜中和華新街，2018
淡水 23 事｜淡水，2020
新莊騷｜新莊，2020
走水｜坪林，2022
誠石報｜貢寮馬崗漁村，2022
瑞芳　華｜瑞芳，2022
新北市文化季刊｜新北市

南投
LOCAL WORD ｜中興新村，2018
擺溪流 Baikei ｜埔里眉溪，2023
來一泡鹿篙｜魚池鹿篙社區，2023

高雄
鳳山好厝邊｜鳳山，2018
大雄誌｜高雄全區，2018
西子灣｜鼓山西子灣，2019
工夫活｜前鎮草衙，2020
濱線配方｜哈瑪星，2021
開外掛｜高雄屏東，2022
高雄畫刊｜高雄市

屏東
ㄏㄧㄠˇ日子｜恆春，2018
琅嶠食通信｜恆春，2020
LAUNCHER PAPER 半島報｜恆春，2023
Amazing Pingtung ｜屏東縣
屏東本事｜屏東縣
覓屏東｜屏東縣
來義鄉刊｜屏東縣來義鄉
泰武鄉刊｜屏東縣泰武鄉
牡丹好日子 kinataumaqan na butangu ｜屏東縣牡丹鄉
獅子鄉季刊｜屏東縣獅子鄉

基隆
東北風｜八斗子，2013
田覓基隆｜基隆全區，2020
海想知道｜基隆全區，2021
魅力基隆｜基隆市
Keelung Way ｜基隆市

龜山島
龜派｜龜山島，2020

台北
稻相報｜大稻埕，2016
東園誌｜南萬華，2018
洲美人家｜北投洲美社區，2019
拌島誌｜南港中南街區，2019
湯投｜北投，2022
台北畫刊｜台北市

宜蘭
南風澳地方誌｜南方澳，2003
深溝年報｜員山深溝村，2016
about: 關於地方＿南方澳誌｜南方澳，2016
Place ｜宜蘭全區，2019
深溝風土博物誌｜員山深溝村，2021
加禮遠｜蘭陽溪溪南地區，2021
深溝家｜員山深溝村，2021
蘭東案內｜羅東，2023
宜蘭好生活｜宜蘭縣
蘇澳人｜宜蘭縣蘇澳鎮

花蓮
寫寫字｜花蓮全區，2015
溪嘻相映｜萬壽溪流域，2019
字作櫱｜富里，2022
每鳳有日｜鳳林，2022
太布河里｜萬榮，2022
奇萊有誌｜花蓮縣

台東
臺東土黏黏｜台東全區，2018
東台灣食通信｜東部地區，2018
東透可｜部落地區，2019
THE 17 LAB 地方誌｜台東市區，2019
曙光季刊｜花東地區
臺東藝文月刊｜台東縣
看見臺東｜台東縣
達仁鄉刊｜台東縣達仁鄉

綠島
島嶼綠｜綠島，2021

蘭嶼
蘭嶼雙月刊｜蘭嶼，2018

全台
本地 The Place ｜ 2019
REWIND 年刊｜ 2020
島生誌｜ 2022

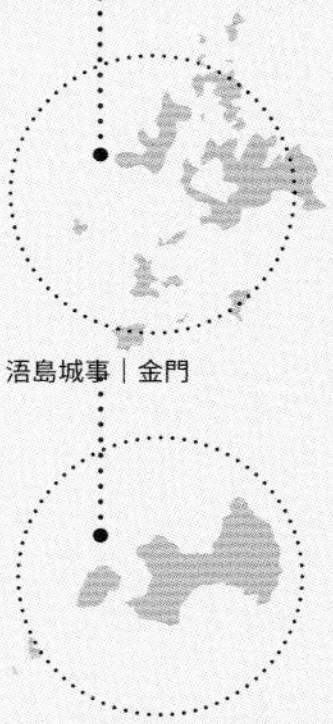

澎湖
紅羅罩聚落生活誌｜湖西紅羅村，2021
去（Khù）海女神龍｜湖西、西嶼，2022
大角誌｜西嶼大池村，2023
小鰆誌｜澎湖全區，2023
澎博通訊－食飽未｜澎湖縣

金門
浯島城事｜金門

文字整理——編輯部●手動查找恐有遺珠，還請海涵！

一張誌／地味團隊偶法性發行／無價

參與刊物的關係人

參與過兩屆小事報編輯營，和營隊的大人小孩都成了持續到今日的好朋友。

PROFILE **過往學員** 李茗湘

李茗湘在就讀安業國小升上五年級的暑假，聽學校說有一個「外面老師來教如何編輯報紙」的營隊，感覺彷彿有趣就加入了。「真的比其他營隊好玩，帶來很多平常接觸不到的東西，尤其手作與體驗。」例如製作獨角仙標本、竹樂器「雨滴棒」等等，讓她很有成就感。

於是第二年暑假再臨時，她又參加了第二屆。第一屆討論安業國小歷史，熟悉而鄰近；第二屆被帶到曾文溪上下游，跟其他國小交流，則去到了差異很大的新世界。在參與小事報之前，她不太有機會上山，不關心原住民，自然也從未接觸過鄒族，頂多跟著大人「去部落觀光」，而這和小事報帶來的經驗全然不同，「茶山國小的同學與我同年，那種感覺不一樣，現在都還跟他們有聯絡。」

第一屆讓李茗湘印象深刻的是龔義昭老師教的攝影編輯，她在課堂上學會使用麥克風、監聽耳機。當時拍照技巧不好，曾經一度挫折，而老師教的「按快門瞬間憋氣」技巧，直到現在都很實用。第二屆的挫折則是不知道如何下筆，這才開始學習去理解其他同學的視角、學會收集資料。這些寫作功課對她幫助很大，「寫報紙是要寫給沒經驗過的人看，於是會去思考如何把事情描述得完整。」

今年升上國三的李茗湘，認為自己確實被小事報改變了：「我家就住曾文溪堤防旁，以前卻從不曾注意，參加小事報後才發現，家中的家用水來自曾文溪，缺水時就會去想：曾文溪怎麼了，為什麼缺水？」而且不僅關注，還能夠寫出一份小報紙去改變。

「一件小事也可以影響很多人」，李茗湘從此願意相信。

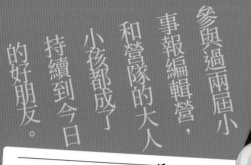

海島阿嬤出沒，看見蒙面女性的地方視角

文字——林瑋臻
攝影——陳蔚慈

「一開始只是想記錄在村落中，總是蒙著臉的女性面容。」

炎炎日頭下，村落的小巷間、重重岩石砌起的菜宅內、又或是潮水退去的潮間帶，總會有年長女性戴著寬大的帽子與面罩，辛勤地穿梭忙碌著——但在澎湖人的記憶中，她們的臉孔似乎總是模糊不清。

於是，「想讓阿嬤的故事被看見！」這份心情誕生了記錄澎湖婦女的山海知識圖鑑《去(Khù)海女神龍》，一群女孩以老一輩的澎湖女性視角，重新述說當地的傳統技藝與文化故事，希望讓大眾看到截然不同的地方樣貌。

LOCAL PRESS FILE

03

創刊時間
2022 年 12 月

開本
16K

頁數
42 頁

發刊頻率
一年一期

印量
目前僅少量印刷，後續將與出版社合作擴大發行

售價
350 元

目標讀者
澎湖在地學生、居民及觀光客

經費主要來源
青年社區參與行動計畫之 Dreamer 培訓

寄售點
澎好青創想基地、植隱冊室、小鯖子書房

其他行動
「阿嬤即是老師，田野就是教室」，帶領孩子學習澎湖山海智慧

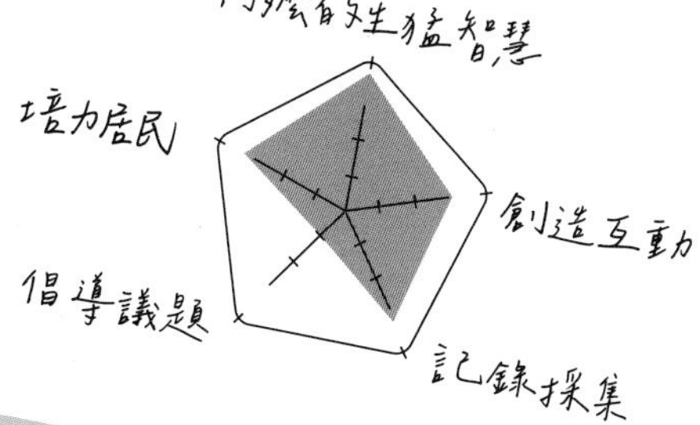

「我和莉棋從小都是被阿嬤帶大的，所以對這些地方長輩就會有種特別的情感在。」

《去(Khù)海女神龍》兩位創辦人蔡宜臻（炸雞）與洪莉棋，一位從台灣來到異地落地生根，一位從台灣重新返回故鄉土地。來自大島與小島的兩人，從小都由家中長輩一手拉拔長大，童年經歷不但成了生命中的養分，也讓她們在澎湖認識後一拍即合，並逐漸萌生記錄地方婦女生活技藝的想法。

翻轉男性視角敘事，讓女性身影浮現

「一般認識澎湖，都是從遠洋漁業開始，過去我們對澎湖的印象總是停留在出海捕魚、充滿男子氣概的男性身上。」而留在陸地上的女性，她們是輔助、支援家庭及整個社會結構的重要角色，但其價值和能見度往往被低估與埋沒。

因此，炸雞與莉棋決心揭開澎湖婦女的神祕面紗，「爭取她們被看見的可能性。」至於選擇將聚光燈打在阿嬤們身上，則是因澎湖跟台灣許多偏鄉地區一樣，人口高齡化、傳統產業衰退，從事農漁業的人數不斷減少，眾多菜宅面臨荒廢危機，也愈來愈難看見婦女在潮間帶中撿螺貝、鑿殼仔的身影。「我們訪問的阿嬤大多在65歲以上，因為許多經驗和技法其實就連我們的父母輩也不太知道了，地方知識早就有斷層，這種感覺很可怕——好像不趕快記下這些內容，就再也來不及了。」

▶ 孩子們認真圍繞在阿嬤身邊，學習關於潮間帶的知識。（圖片提供／女神龍團隊）

▼ 團隊成員於菜宅記錄阿嬤採集花生的技術。
（圖片提供／女神龍團隊）

▲ 女神龍團隊成員由左至右為：洪莉棋、楊絜伃、陳柔安與蔡宜臻。

就這樣，2022年，兩人在教育部青年發展署推動的「青年社區參與行動計畫」提出了製作刊物的初步構想。炸雞長期在湖西鄉從事社區營造的工作，透過工作中認識的地方長輩牽線；而莉棋的故鄉則遠在小島另一端的西嶼鄉，在鄉親朋友的介紹下找到村內擁有技藝的婦女們。她們跟隨在地婦女走入潮間帶與菜宅一起工作，開始記錄農漁村的生活技能。

炸雞發現婦女有許多特殊的生活知識，這些生命經驗能夠呈現澎湖真實的樣貌，莉棋則想留下那些「阿嬤曾帶我做過的事」、追尋並更認識自己，也讓往後想了解家鄉土地故事的澎湖囝仔不那麼辛苦。二地居與返鄉者，兩種相異的視角重新論述、書寫這座位於台灣西方一隅的群島。

費盡心思，只爲傳達阿嬤眼中的家鄉風景

一翻開刊物，「澎湖查某，台灣牛」這句俗諺出現在書頁最開頭，說明了澎湖女性辛勤工作的生命觀，就如同田地裡沒日沒夜工作的耕牛。

儘管如此辛勞，但在訪談過程中，阿嬤們總是樂於分享自己的故事，帶領炸雞與莉棋走入潮間帶、走進菜宅，像個孩子般開心地分享自己工作的種種，將採集到的石蚵、剛曬好的花生，熱情送給大家試吃，不厭其煩一遍遍講述大海、土地以及她們眼中的世界。

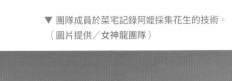

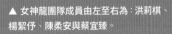

「宅內係我尚愛的所在。」、「大海很療癒，讓我忘記不開心的事情。」她們口中沒有過一句辛苦，而是滿滿的成就感與光榮，翻轉了一般人對於漁村女性刻苦、苦命的印象——對阿嬤們而言，這些農事海事並非逼不得已的家事勞動，而是熱愛的一種生活方式。

感染了這份熱愛，炸雞與莉棋實際著手製作刊物時，從全刊試印到真正定稿付梓花費半年以上的時間。「例如阿嬤用台語講到一個農事器具，就要去鑽研這農具真正的用途是什麼；而澎湖各地的地域差異又很大，可能同樣一個器具在不同地區就有相異的稱呼。」

兩人不只從澎湖的文史書籍、博物館找資料，也多次請教專業台羅老師，設法讓刊物融入道地的澎湖腔，「舉個例子，到底要用『戳』殼仔還是『鑿』殼仔？我們苦思很久，後來問到一位老師在書裡是寫『鑿』殼仔，才選定用『鑿』。」

一字一句都斟酌再三，為的是能盡量貼近在地生活和氣息。刊物出刊後，這些細心推敲或許真的被看見了。有些居民主動推薦身邊覺得值得被介紹的人選給炸雞和莉棋，有些居民也被鼓舞、想記錄自己島上的阿嬤們。接下來女神龍團隊將與「坪中嶼人」一起合作田調，認識東嶼坪島上阿嬤的故事。

刊物中的「阿嬤智慧」，成爲地方知識學的基礎

澎湖婦女調查隊的版圖還在持續擴增中，而刊物也遠非終點，它扮演的是一個將知識內容

KNOWLEDGE　澎湖婦女的山海知識系統

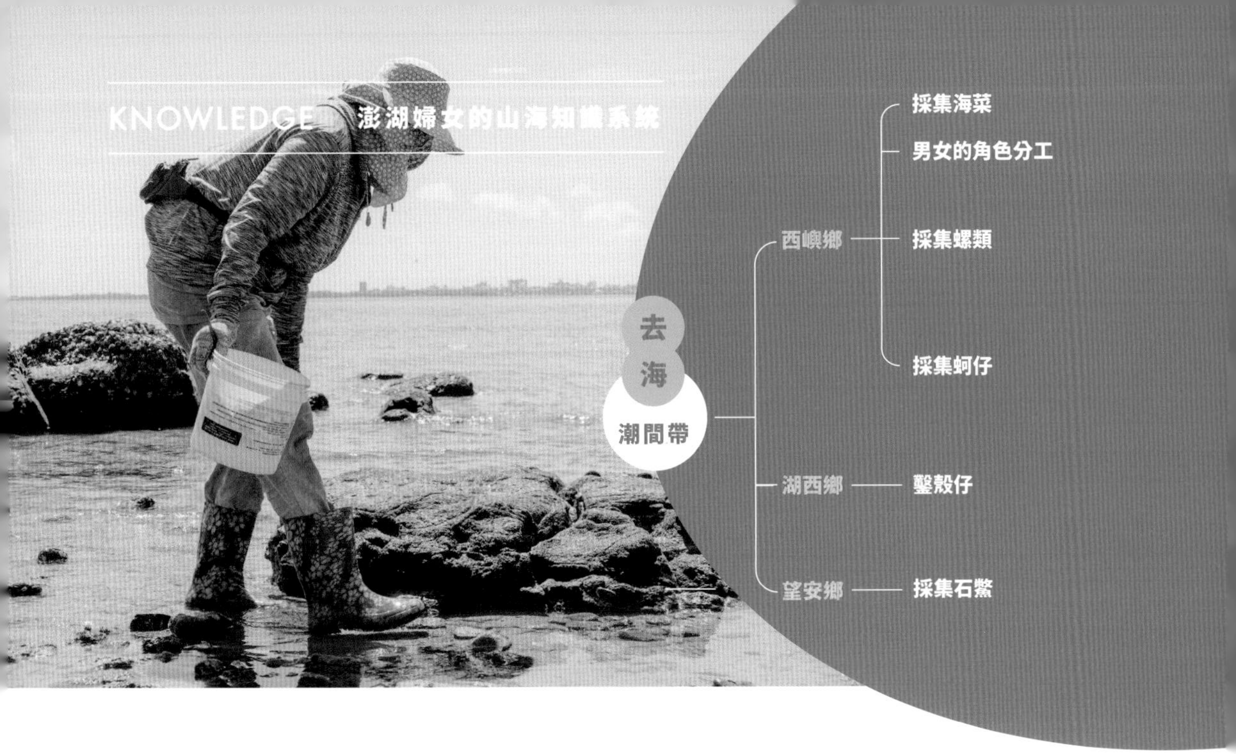

重新進行轉化與推廣的領跑角色。

「拿在手中的實體刊物，始終擁有的是不一樣的重量，作為一個傳遞的基礎，也能夠有更多不同延伸的可能性。」比如有些學校老師在看完刊物後，設計出相對應的教案；而炸雞與莉棋也可以運用刊物和眾多學校合作，告訴他們有哪些經驗和知識能被轉化為教學內容。

如何轉化呢？刊物往前走了一步，以課程的形式，帶領澎湖在地孩子重新踏進菜宅與潮間帶，串聯起下一代與土地間的連結。負責教案推廣的女神龍夥伴楊絜仔，與兩人共同將教案帶入位於西嶼的「曬書小學堂」。刊物中的阿嬤們一一現身，這回，她們化身場域中的老師，與孩子們一起挖花生、撿螺貝，傳授耕作與採集的各項知識。

在課堂中欲罷不能的孩子們，眼神發亮的回饋「經過菜宅的時候覺得很親切，可以想像裡面種了什麼」、「開始想要學台語，因為要跟菜宅阿嬤溝通比較容易」、「終於知道去潮間帶要怎麼耙殼仔」。對於一生從事農事海事的女性們而言，能夠成為孩子們的老師、傳達這些海島文化智慧，是過去的她們不曾想像過的。

這還只是起點。接下來，女神龍團隊將籌備下一期刊物，以農漁業的醃漬、曝晒為主題。同時一面規劃教案遊程，希望讓外來遊客也能接觸到不一樣的澎湖，創造地方刊物更多元的可能性。以各種形式觸及不同群體，逐漸建立起專屬於澎湖的地方知識學，讓海島的文化價值與女性角色，被更多人看見。

插畫的魅力

《去（Khù）海女神龍》刊物最大的特色，便是以插畫形式繪製阿嬤們面罩下的笑臉，搭配一句擁有濃厚澎湖腔調的「阿嬤語錄」，述說她們對於海島生活的種種感受，鮮明生動的形象躍然紙上，將作者們轉譯過的內容輕鬆並直觀地傳達給讀者。

阿嬤們的日常

刊物內容的主軸是阿嬤們的生活重心，像是從小在菜宅中長大的銀杏阿嬤，將菜宅視為自己的遊樂園，只要來到這裡便覺得開心舒暢；或是身兼數職的美麗阿嬤，總在村子裡四處奔波，讓女神龍團隊們常常找不到人，因此畫下了阿嬤出沒的生活地圖，了解她的一日作息。

用插畫與故事，記錄阿嬤面罩下的笑容

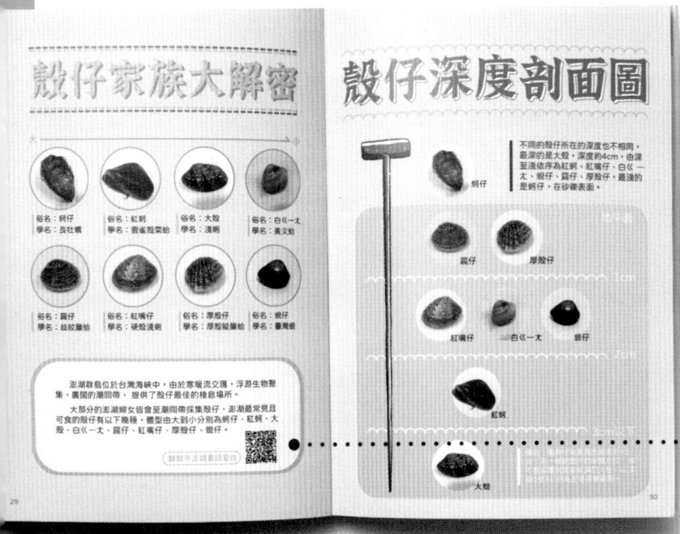

澎湖台文教學

澎湖腔調與台灣通行腔大相逕庭，刊物內針對各種器具、作物和技藝等內容整理出澎湖台語腔的發音，真實呈現海島的山海知識內涵，讓讀者在閱讀的同時，也更熟悉澎湖的台語。

PROFILE 美術設計 陳柔安

將故事訴說成一幅幅溫柔的畫，刊物最得力的插畫家與美編指導。

負責刊物插畫與編排統籌的陳柔安，原是一位在世界各地旅行的藝術家，透過畫畫記錄旅行中的種種小事，因緣際會停留在澎湖這座小島上，成為西嶼國小的美術老師。陳柔安的生命歷程總在不斷移動，在島上的生活成了她跳脫舒適圈的一段經歷，熱愛藝術的她在西嶼打造了一座藝術家換宿的基地「卵生居」，將世界各地的藝術家帶到這座小島，希望以藝術為媒介，讓卵生居成為一個孵化愛的地方。

早在《去(Khù)海女神龍》刊物開始前，陳柔安便與兩位有過幾次插畫合作，包含西嶼地圖計畫、西嶼輪普繪本計畫等，以插畫形式記錄西嶼的文化生活。作為刊物的插畫與編排總指導，在一遍遍了解地方女性的故事、一遍遍翻看書本的同時，這些內容讓她回憶起小時候務農的經驗，第一次赤腳踏在柔軟的泥土上，那份奇異的觸感與感動，透過這本刊物遙望自身的過往，再一次與土地連結。

跳脫過往男性敘事的視角，《去(Khù)海女神龍》這本刊物讓阿嬤的角色重新被看見，陳柔安的插畫溫柔地轉化她們在面罩下和藹的笑臉，將那總是不被看清的面容、總被視為理所當然的付出展現於大眾視野之下。她希望這本刊物能夠翻轉過往大家對於務農阿嬤「俗俗的」、「過時的」、「不重要」的印象，她們的努力與智慧撐起一整個家，是值得所有人驕傲的蒙面英雄。

參與刊物的關係人

讓孩子們重新走回海島懷抱，協力打造「阿嬤小學堂」。

PROFILE **學堂推動人** 吳雙澤

吳雙澤與刊物團隊一同打造「阿嬤小學堂」，地點就在他推動的「曬書小學堂」課後輔導中心。面臨少子化浪潮的澎湖，地處偏遠的西嶼尤其嚴重，鄉內六所國小的學生人數過少，孩子們缺乏與同儕互動的機會，曬書小學堂的建立聚集西嶼的孩子們，讓他們在玩耍的過程中學習，陪伴孩子一起成長。

身為小學堂推動人之一的吳雙澤，致力於讓小學堂的孩子們接觸各式各樣的事物。阿嬤小學堂讓孩子們開始踏入生活領域的菜宅與潮間帶，在阿嬤的帶領下體驗農事、海事，學習地方文化及環境智慧，也學習海島上的各種知識。當代澎湖的孩子們雖然從小在海邊長大，但大多數不會游泳、也甚少接觸大海，上一輩的教育總是教導孩子遠離大海，使得即使每日吹著帶有鹹味的海風，孩子對澎湖土地的文化卻不甚了解，阿嬤小學堂的出現給了他們一個認識自己家鄉的機會。

吳雙澤認為，新竹司馬庫斯的部落以自己的語言，教導自己的孩子大山知識，傳承祖先智慧，而澎湖明明擁有豐富的海島文化，卻鮮少有系統性的知識學傳承。《去(Khù)海女神龍》讓海島的知識學有了系統性的整理，在轉譯下能被孩子們理解；這些知識與智慧將傳承給下一個世代，孩子們得以重新走回海島的懷抱。

推廣台文知識與地方故事，協助校對刊物台羅拼音。

PROFILE **台羅校對者** 鄭承瑜

身為刊物台羅校對者的鄭承榆，從小被各種武俠與歷史小說薰陶，歷史系出身的她，萌生自己提筆創作的想法，想寫出屬於台灣人的歷史小說！這個夢想讓她開始深度調查清領台灣史，過程中也編撰眾多澎湖在地文史相關的維基百科內容，不知不覺成了澎湖文史界無人不知的專家。

對於台灣清領史的研究，讓她同時開始接觸台羅與台文，與刊物的合作集中在台羅拼音指導。由於刊物中的受訪婦女全程以台語進行訪談，其中許多專有器具、專業知識難以找到華文配字，於是團隊找到鄭承榆為內文的台羅拼音修正及審定，以便忠實呈現澎湖在地山海知識。

在閱讀《去(Khù)海女神龍》內容時，鄭承榆說道，她最喜歡其中一位每天在菜宅開心工作的婦女故事。農業在她心中是很辛苦的工作，「我們都以為做農的人非常辛苦，每天都在流血流汗，甚少有休息的時間，而阿媽卻認為菜宅就像她的遊樂園，每天在裡面工作是她最快樂的時光。」這句話讓她莫名感動，也從《去(Khù)海女神龍》中看見農業的不同樣貌。

「過去的歷史敘事太過注重男性角色，忽略了女性的付出及努力。」鄭承榆說，「有一本書叫《歐洲與沒有歷史的人》，裡面敘述了歐洲那些貧窮階級、老人、女人與小孩的故事，那些被社會忽略的人的故事。我覺得《去(Khù)海女神龍》就像是屬於澎湖的『沒有歷史的人』，它補上了一個歷史的缺口，讓歷史更加完整——因為這本刊物，這些女性擁有了歷史。」

參與刊物的關係人

澎湖農業扛霸子，刊物的推手與重要夥伴。

PROFILE **諮詢請益者** 陳有擇

陳有擇在刊物開始之初，便被捲動進這個熱鬧的企劃中。位於湖西的南寮社區過去曾經是全鄉最偏僻、人口流失最嚴重的村莊，近幾年來，在當地社區發展協會的努力下，保存了傳統民居的景觀，推出各種當地農事體驗活動，並透過海廢裝飾藝術美化社區環境，種種行動讓南寮社區成為眾多遊客來到澎湖必須朝聖的景點之一。這一切都歸功於當地村民與社造團體的努力，其中幕後推手必然少不了社區發展協會的理事長陳有擇。

在南寮社區進行社區營造工作的炸雞早與陳有擇相識，當《去(Khù)海女神龍》刊物的想法雛型一出現，兩人第一時間便來拜訪陳有擇，想了解湖西一帶菜宅及潮間帶的歷史與現況。

「菜宅這種農業形式是澎湖特有的，加上潮間帶的採集，其實兩種都是只需要一個人、簡單的工具甚至徒手便能夠完成，因此婦女在菜宅與潮間帶的產業行為是海島上的一大特色。」除了作為澎湖農漁業的知識站，提供各種山海知識、防風作業、土壤養護等澎湖特有的農業現象知識，陳有擇也引薦許多村落中適合受訪的阿嬤給炸雞和莉棋，豐富刊物的內容。而女神龍團隊也在南寮社區舉辦農事體驗活動，讓當地孩子能以更活潑有趣的方式體驗菜宅文化，回饋到實際生活層面。

在乎的是生產地方故事的過程。

從興趣出發、要做得「心態健康」。

集合吧，地方編輯們！

四人四色的刊物同好會

文字一黃怜穎
攝影一林志華

四位居住在南方、同是刊物愛好者的地方誌編輯，午後齊聚在透南風工作室成員的據點——透南風咖啡聚場，分享關於編輯地方刊物的開始，過程中又是如何慢下來、停下來、再往前，以及對台灣地方刊物有哪些觀察。在視野交錯（偶爾岔題）之中，一起打開思考的縫隙。

林竹方

透南風工作室企劃執行、台南大灣地方誌《轉個灣》主編和嘉義市博物館館刊《桃城晃遊》編輯。隨工作上山下海四處跑，喜歡關注地方小人物議題，擅長以文字角度進入編輯工作。

王倚祈

高雄在地媒體《大雄誌》、網站「雄雄 hiông-hiông」總編輯，喜愛透過視覺專長來面對編輯這件事情。在台北出生，生活於高雄近二十年，現居台南善化。也常為其他刊物及網站擔任平面攝影。

陳瑩如

台南鹽水地方誌《Kiâm-tsúi 心適代》主編，任職於臺南市政府文化局。長年從事書寫與攝影，從故鄉深入嘉南平原的鄉村生活，獨立出版《鐵線橋》攝影集與《佇遮生活：溪北人文地景走讀》。

吳啟豪

《Wu Talk！台南在地誌》創辦人及總編輯，在新營經營書店「野冊共學所」。Wu Talk 團隊多以國立成功大學學生為主，編輯發行數本紙本刊物。也有舉辦「編輯人聚會」與讓高中生、大學生參與的「在地編採營」。

Q1 是什麼時候開始喜歡刊物？爲何跳進自製地方刊物的大坑？

啟豪——我可能不像大家想像是因為喜歡刊物而做了《Wu Talk！台南在地誌》，做刊物其實是一種「機緣」，跟大學時創立「刊物編輯社」有關。我大學念國際企業，一開始不覺得編輯刊物有趣，但正因為沒有很好做，我反而想去做。2013年做《Wu Talk》是一個很重要的機緣，後來我辦編輯人聚會、在地／全國編採營，都不在預期之中，一直比較是統籌者或教學者的角度，帶領學生「從無到有」參與刊物編輯，在教學與傳承過程裡會有一些成就感，這可能是我想要繼續做下去的原因。

瑩如——我的起點稍微早一些，念嘉義女中時參加校刊社，除了寫詩，對編輯周邊的事情也很感興趣，當社長時就喜歡對版面編排、印刷問東問西。大學畢業後做商業雜誌，也做出版企劃行銷，離家多年才搬回台南鹽水，跟長輩聊天時，發現鹽水有很多不同年代的堆疊好有趣，但缺少深入地方的藝文資源，我心裡就有一個聲音：「沒有的話，就自己創造一個。」過了十年，一直到我在2020年底離開文化局工作崗位，才做了這兩期《Kiàm-tsuí 心適代》。

倚祈——我是大學做畢製時開始接觸刊物製作，因為學視覺設計，沒有文字或編輯相關背景，邊做邊學完成了六小本探討高雄六個產業聚落的《打狗聚落》。畢業後先去台北工作，再跑回高雄鳳山社大工作，協助開了很多我自己想上的課，很好玩。其中一門規劃了18週編輯課、最後要生成一本雜誌的實驗性課程，18週後我們什麼都還沒做出來，因為做雜誌真的沒那麼簡單。直到隔年2020年6月終於出刊，就是第一本《大雄誌》，當時希望這本刊物不是一堂課後就結束，目前出了三期，也有點誤打誤撞。

竹方——因為大學念傳播系，會參與校園報網頁新聞的報導和影音拍攝，而中正大學在嘉義，相較台北傳播科系的視角會更關注南方議題，幫助我打開感官上的視野，以及會做報導上傳到公視PeoPo公民新聞，為自己喜歡關注小人物議題奠下基礎。嘉義市博物館刊物《桃城晃遊》則是我製作紙本刊物的開始，那時我是在嘉義市政府文化局工作的甲方，會一起想大綱架構，因而接觸到承接編製的透南風團隊。後來從嘉義回到台南，我進到透南風工作，自然而然成了刊物編輯。

做刊物能讓來自當地的人更有凝聚感和小小的光榮感，讓我覺得滿值得繼續做的。

Q2 曾經有過哪些「覺得做這份刊物很值得」的時刻？

倚祈——曾收到在台北工作的讀者來信說，他在台北誠品看到《大雄誌》很感動，原來高雄變得不一樣，還有一本自己的刊物，甚至因此讓他想回高雄工作，就覺得做刊物能讓來自當地的人更有凝聚感和小小的光榮感，讓我覺得滿值得繼續做的。《大雄誌》雖然隔兩、三年還沒出下一刊，但並不是想放棄，只是現狀沒有想出，我真的都是當下有真心想做的題目才會發行，我也沒什麼時間壓力，想什麼時候出再出。

啟豪——那我和倚祈不同，因為通常不太曉得誰在讀我們的東西，所以比較不是讀者群影響我的想法，而是從刊物延伸成後來辦的編採營過程讓我印象深刻：我們有一個這樣的「平台」，把真的想做刊物的人拉到地方上；也因為有編採營的管道，讓同學能銜接編輯產業的職涯，等於是藉由地方誌營造了契機與可能性。但隨時間演變，編採營招生越來越困難，以及刊物很難賣，無論有沒有實質或虛擬的回報，都讓下一本越做越難。

竹方——《透南風》第六期到第七期《匯流。敆流(kap-lâu)》相隔五、六年，因為忙著做其他案子，第七期的啟動一直被放在待辦事項，恰好黑哥（謝銘祐）在2018年開始隨「恁的演唱會」到偏鄉唱歌給長輩聽，我們想把人物故事更深刻地記錄在第七期，過程的曲折和收穫好像可以回應這一題。好笑的是，初稿排版出來還以為在做長照特刊，幸好努力調整做出來後，大家回應滿不錯的。這期打破僅關注南方的視角，北至基隆暖暖、南到屏東滿州，許多人讀到原鄉的故事會有投射情感，更拉近對地方的認同。也會擔心再過幾年，長輩可能就不在了，會有種想要把刊物完成的使命感。

瑩如——以前攝影、寫文章對我來說是放鬆的事情，加上我在文化局工作，對外比較低調，但因為做《Kiâm-tsúi 心適代》就得出去跟大家相處，我自己不太適應那種距離感，會不想跟地方有那麼緊密的關係，意識到大家會叫我老師，沒辦法像以前隨處跟人哈拉、拍照的採集，自己內心小劇場很多。但創作的成就感是很快樂的，其實不完全在做刊物，而是引導地方上有興趣的人來參與這件事，喜歡拍照的有舞台表現、或有人能透過採訪來參與地方，大家有了互相交流認識的機會，不再只是平行線般地在同一個地方生活。

Q3 看到新的地方刊物，第一眼、第二眼、第三眼會注意哪些眉角？

瑩如——我會先從開本、紙張看整體的風格跟所要傳達的理念是否吻合，還是只是為了設計？第二眼我會看「主題」，像《貢丸湯》做「新竹狂熱」其實是在講新竹的夏

地方刊物應該是從土壤裡長出來的一棵樹，它的種子必須種在這片土壤裡。

天，每次的題目和切入角度都讓我覺得驚豔。第三眼就會看裡面用多少篇幅來架構和呈現主題，有些刊物企劃力很強，內容卻有點虛、撐不起主題。接下來會繼續看版面設計和版權頁，看是誰印的，插畫、文字和編輯又是誰，大概就是從外到內這樣去看。

竹方——第一眼會是封面，就是外觀主義，好看再拿起來翻個幾頁。第二眼的話，其實我還滿喜歡讀「編輯的話」或是發刊詞、序言，可以從中讀到這期的精神；可能因為我自己的工作也是文字居多，所以喜歡從文字的角度來看。再來會看目錄跟版權頁，可以知道整本的團隊是誰，這也是種職業病，想知道是誰印的。

倚祈——我也是先看封面，看刊名、副標，以及是用攝影、插畫還是其他方式呈現。再來會快速整本翻閱瞄一眼，因為我是學設計的，會很在意刊物紙張摸起來的感覺，感受它的厚度或材質，和排版、照片是否好看，也會看整體企劃如何串連一整本的調性。我也很喜歡看前面的發刊詞，可以知道編輯這一路的心路歷程，有點像讀幕後花絮的感覺。

啟豪——我習慣先看版權頁，看是誰做的，有些團隊

有自己的定向風格，也會好奇是本地人還是外地人做的，如果是外地人，就會開始判斷和本地人做的可能會有哪些差異，畢竟編輯團隊是刊物製作的靈魂人物，從版權頁開始，就會對刊物有些基礎預期。以及一本刊物最重要的主Key強度會落在封面故事，會看封面故事有沒有清楚呈現主要脈絡，進而影響我對這個議題的興趣。再來就是企劃，採訪不離人事時地物，如何更有意思的呈現、能不能找到不同角度切入都是企劃有趣與否的重點。

Q4 有哪本台灣地方刊物會帶來啟發，或成爲製作時的參考對象？

瑩如——我希望地方居民能多參與，團隊多是素人，不是做過雜誌的人，短時間內要跟他們溝通版面視覺有點困難，所以不只參考台灣，也會參考國外各式各樣的刊物。像我自己比較喜歡看的其實是日文雜誌，如《d design travel》等，他們的版面與攝影水準非常好，很常用來跟攝影師、設計討論。我也會看不同刊物做同一個地方的差別是什麼，像《貢丸湯》和行人出版社之前承接的新竹市政府刊物《IN新竹》都是聚焦在新竹，就會想像如果他們同時做鹽水意麵的主題，兩方會怎麼呈現。

竹方——我滿喜歡《五花鹽》，它打破地方刊物常見做法，反而用主題來講不同地方可能都有的現象，除了有很

多插畫，排版上也有一些地方幫讀者畫重點，很可愛，有時會參考這樣的細節。我和住在台南永康大灣的夥伴做《轉個灣》，希望它是可以被放在診所、更貼近社區報的概念，最後呈現出來像報紙，因此參考了透南風的《旬味》、編輯者新聞社的《週刊編集》等，但考量在地長輩，字級都比較大，捨棄了刊物要好看字級要小的想法。以及因為做《桃城晃遊》的關係，會參考台灣歷史博物館的《觀・臺灣》，它雖然是館刊，內容卻很貼近生活。

倚祈——我算是一個很不喜歡讀長篇文章的人，比較注重刊物的「視覺」，所以非常喜歡《about：關於地方_南方澳誌》，它每期找一個外地人來南方澳生活一陣子，有插畫家、攝影師、日本人等不同背景，讓他們各自決定刊物要怎麼做，很聰明，讓大家看到

不同的人接觸同一個地方，原來會有這麼多不一樣的東西跑出來。地方誌似乎很容易陷入什麼都想要的陷阱而太貪心，放太多東西進去而變得混濁，南方澳誌這種極簡的企劃，可以很聚焦在某個點上，我覺得反而是最棒的。

啟豪——與內容相比，其實我更好奇的是每本刊物的運作模式，大家可能在不同的工作模式底下，會有不同的效果。目前我最感興趣且佩服的模式是《地味手帖》，如何有辦法在商業刊物與地方刊物間抓到平衡，可以持續發刊就是很難能可貴的特質。《地味手帖》以一位主編結合地方編輯來製作，某種程度克服了需要有固定團隊的限制，加上其他編輯來自於地方，取材會更接地氣，也能從比較刁鑽的角度來切入企劃。

Q5 與一般刊物相比，認爲地方刊物有哪些特色？

竹方——我覺得地方刊物會是「地方的代言人」，如果我是外地人讀到這本刊物，可能會想下次去那裡走走，對外地人來說像一扇窗的感覺。也有越來越多人運用獨立刊物的手法來包裝政府出版的地方刊物，讓政府和民間刊物的外表界線變模糊，但如果仔細看，還是看得出政府刊物有為政績宣導的傾向。

倚祈——地方刊物呈現了經營團隊的個性、在地的風土民情，以及態度的展現，我覺得南部人會隨興為主，我們就慢慢出，可能今年只出一刊，那也沒關係。有時會看到地方刊物的照片用文青感的畫面去呈現，覺得可能要進一步思考地方刊物跟一般時尚、風格雜誌的差別，在地生活也許根本不像畫面中那樣，如果是要做很在地的感覺，我覺得是需要做出選擇的。

瑩如——地方政府喜歡用出版品來講在地故事，我覺得市面上常看到的其實都是政府出版的地方刊物。現在越來越

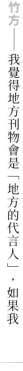

多外地團隊透過政府標案來做地方刊物，讓地方刊物的界線變得很模糊。我比較在意「獨立性」或「實驗性」，不是為了標案或商業目的，而是有想要傳達什麼的能力。地方也不一定是一個明確的範圍，可能是從關係人口出發，不是地理行政區去看，比如我可以從居住的鹽水輻射整個世界的議題。

啟豪——如果地方是土壤，地方刊物應該是從土壤裡長出來的一棵樹，它的種子必須種在這片土壤裡，這也是我在做《Wu Talk》時，一直思考的事。2013~2014年很多部落客，不管是本地或外地人，都會介紹地方美食，《天下雜誌》也做319鄉，但只是訪問幾個人，甚至常常只採訪有名的人，我都稱他們為職業受訪者，習慣回答相同一套，沒什麼新的東西，而非花時間取得在地人視角，跟實際的地方現況會有落差。所以我覺得地方刊物應該要看有沒有機會進入真正的土壤層，也就是走進最生活化的地方觀點。

Q6 據觀察，台灣地方刊物這幾年有什麼變化？

瑩如——早期常見地方文史工作者製作的社區報，注重傳統地方文史，縣市合併後約2010年前後，我先看到台北的《蘑菇》，後來有嘉義的《慢漫刊》、花蓮的《O'rip》，

地方刊物的變化，其實就是一種話語權的轉移。

美學是比較人文的感覺。當時社區營造也會提供補助、鼓勵做刊物，開始有很多學生團隊加入，設計也越來越活潑，但發展到現在，好像有些變成設計太過凌駕於地方的感覺。

竹方——的確「設計」這部分明顯跟早期的刊物很不一樣，越來越多在地刊物會委託有設計能力的團隊一起執行，伴隨的演變就會被問你是哪裡人、不是在地人怎麼可以做這個刊物，是在地人或外地人觀點？但我覺得這沒有什麼好或不好。就像透南風承接《桃城晃遊》，會一直被問到我們來自台南、為何可以做嘉義刊物這樣的問題。

倚祈——提到現在有點設計大過於內容，我也認為設計應該是襯托文字內容，不是搶走文字。前面提到以前地方刊物多是文史內容或田野調查，呈現質樸的感覺，可是現在比較趨向娛樂化，現代可以看的資訊太多，為什麼要讀這本刊物？就變成封面要夠吸睛、企劃要夠強，內容的娛樂性要變高，才容易被看到。

啟豪——地方刊物的變化，其實就是一種話語權的轉移。以前大概只有官方才會做地方刊物，慢慢地報禁解除、雜誌多元化，商業雜誌解放到一個程度後，人才移到地方來，台灣的地方刊物扣合了早期社區營造的趨勢，話語權還是官方

在推動，只是放一部分給民間做，到現在談地方創生的時代，更注重軟體和設計感，加上IG、Tiktok這類平台越來越多，話語權越來越被分散，內容很難被看見，大家就從設計著手。設計意識抬頭並不是壞事，但當內容和視覺沒有達到平衡，就會像前面提到失衡的感覺。

認爲現代的地方刊物對於地方、對於大眾是什麼角色？

瑩如——做地方誌的編輯，我覺得不能全部都只有在地觀點，也不能都是外來觀點，視野會有問題，地方編輯需要在這兩者間平衡，一方面要對外向大眾宣傳地方上的樣子，一方面其實也是在對內進行溝通與交流，地方刊物會是一個平台——內跟外的平台，讓彼此之間能互相理解的平台。

啟豪——早期在做地方刊物的時候，會覺得自己對地方、對大眾好像有種責任感，但做久之後，就發現這種責任感其實是很虛無的，被迫對地方有責任感的團隊會很有壓力，累積成情緒反而容易持續不了，或選擇題材時會更嚴謹檢視自己、怕被其他人講話，以好玩優先的團隊好像比較能持續。如果要定義新時代的地方刊物，反而會建議想投入的人，很多時候做好玩就好了，不是說不用抱責任感，但若扛不起情緒壓力的話，就讓興趣優先，說不定才是更有辦法持續下去的關鍵點！

倚祈——我覺得地方刊物扮演一種「串連」的角色，它可以連結不管是製作的人，或是被訪問的人，任何一個企劃的產生都是一種串連。就像這一次是因為刊物的企劃把我們這幾個人串連在一起，有機會聚在這裡分享不同的想法。

竹方——那時做《轉個灣》，剛好遇上大灣廣護宮12年才有一次的建醮盛事，我們有成員參加建醮委員會近身觀察過程，甚至因而有機會採訪道士。很多人會看到刊物裡的故事，尤其對行政區明明是永康卻不說自己是永康人的大灣人而言，終於對生活的土地有認同感或榮耀感，這是感受很明顯的。那時候做出來，在地人都很支持，我們其實也準備後續三至五個題目了，想要繼續做，但可能因為經費或人力，暫時沒辦法穩定地在短時間內出下一期，但這樣一份專屬大灣的刊物，對於在地人、外地人都是更認識這個地方的管道，我認為地方刊物有這樣的力量在。

地方刊物會是一個平台
—— 內跟外的平台，讓彼此之間能互相理解的平台

散會前的千年一問

聚會尾聲，聊起大家各自受訪時還被問過哪些問題，瑩如向大家發問無論是上廣播節目還是網站媒體最常被問的題目：「現在這個時代你為什麼還做紙本刊物？」笑說自己被問到很煩，不如提出來問問大家，一起煩。

瑩如的回應是，「紙本是一個能被留下來的實體。」但其實紙本或不紙本，她真心認為載體不是發行刊物最在乎的重點，「我在乎的是生產地方故事的過程。」內容要放到網路上也可以，當然是因為自己喜歡紙本而造就了這樣的選擇。

而在乎著永康大灣較多的長輩人口，竹方做《轉個灣》時的選擇是，「希望做出能擺放在診所或活動中心等長輩出沒地，更貼近『社區報』的概念。」當設定的受眾包含長輩讀者，像報紙的紙本形式也就順其自然地長出來了。

攤在桌上閱讀、拿在手上翻閱，紙張與油墨的氣味似乎幫助人們更確認當下時間的存在。先做了《大雄誌》、後經營網站「雄雄 hiông-hiông 」的倚祈說：「我覺得紙本可以拿來真正地擁有，就是有一種收藏感。」是吧！手裡的刊物不管大小輕重，透過觸摸、閱讀，收藏著與內容交集的閱讀時光，還有心底對地方的光榮感。

如此從實體刊物連結抽象感受的旅程，在發行過網站內容、後推出《Wu Talk》紙本的啟豪眼中，他這麼詮釋：「紙本刊物其實呈現了自我實現的過程。」一如每種職業環境都會有身處其中選擇自我實現的方式，他認為比起紙本與否，更重要的是能從興趣出發、要做得「心態健康」！

透過編輯地方刊物，實踐讓自身覺得有意義、有價值的自我認同感，過程的壓抑失落，都在翻閱每一頁的編輯過程中獲得釋放；之於讀者，也有機會藉由刊物梳理對地方的感受。想來這般「古典」的紙本型式似乎也頗具療癒功效，治編輯上癮、療對地方的喜怒哀樂。

打狗的重要眉角，都在這裡了

04 megao 大雄誌

總編王倚祈

關注地域—高雄｜**製作單位**—雄雄編輯部｜**團隊成立年份**—2017 年｜**創刊年月**—2018.6｜**最新刊年月**—2021.1｜**發行期數**—3 期｜**發行頻率**—不定期｜**價格**—250 元｜**經費主要來源**—補助計畫／自掏腰包｜**印量**—2500 本｜**頁數**—134 頁｜**編輯人數**—約 2 人｜**寄售點**—三餘書店、誠品、博客來、蝦皮｜**其他行動**—網路媒體「雄雄」

▶▶極力推廣大高雄主義的地方刊物。「Mega」代表巨大化，同時「mê-kak」代表竅門，和高雄舊地名「Takao」融合在一起，成為了全新又逗趣的《megao 大雄誌》。集結地方的人們書寫這座城市當下的面貌，希望透過此雜誌讓高雄人更了解自己的土地；讓外地人重新認識高雄。我們不定期出刊，因為不想被時間追著跑，感謝讀者願意耐心等候，在這出版業不好過的日子裡，雖然不知下期何時再見，但我們會努力好好存活下去。

▶▶官網購買

記錄台南的在地之聲

05 WuTalk! 台南在地誌

總編吳啟豪

關注地域—大台南｜**製作單位**—《WuTalk！台南在地誌》刊物編輯團隊｜**團隊成立年份**—第一代在 2013 年，後經不斷更迭，最近一次成軍是 2021 年｜**創刊年月**—2013.9｜**最新刊年月**—2021.6｜**發行期數**—最新刊（Vol.1）1 期，學生總編輯紙本刊 3 期，網路刊 23 期｜**發行頻率**—有錢才發刊｜**價格**—200 元｜**經費主要來源**—自籌／販售｜**印量**—最新刊 1000 本，學生總編紙本刊 200 本｜**頁數**—64+4 頁｜**編輯人數**—8 ～ 10 人｜**販售點**—野冊 730 ，新營共學所｜**其他行動**—野冊全國青年在地編採營

▶▶這是一本記錄台南在地之聲的雜誌，主題相當生活化，紙本最新刊以「如果在台南，有『空』去哪裡？」為題，從編輯團隊的個人角度為起點，邀請讀者一同認識台南的在地空間。有實驗音樂的空間、青銀共學的空間、老街建築的空間，在新舊並存的時空中，一邊讀著雜誌、一邊重新思考——我們可以如何了解和介紹台南呢？

網路刊全刊閱讀▶▶

推薦委員

LOCAL PRESS

地方刊物推薦書單

2005 —— 2023

文字—編輯部、王倚祈、吳啟豪、林竹方、陳瑩如
攝影—安比　圖片提供—各刊刊物製作團隊

直走不行，就一起轉個彎入大灣

06 轉個灣

關注地域—台南永康大灣｜**製作單位**—轉個灣工作室｜**團隊成立年份**—2019 年｜**創刊年月**—2020.12｜**最新刊年月**—2020.12｜**發行期數**—1期｜**發行頻率**—不定期｜**價格**—80 元｜**經費主要來源**—補助計畫｜**印量**—1000 本｜**頁數**—14 頁｜**編輯人數**—3 人｜**販售點**—透南風咖啡聚場｜**其他行動**—校園分享講座、大灣小旅行、王公廟建醮回顧展

主編林竹方

▶▶小時候曾在台南的大灣生活過一陣子，經過出外求學、工作，2019 年我重新回到台南，2020 年另一位北漂南歸的朋友歐雨鑫對於地方事務滿腹熱情，那年正好是大灣重要信仰中心——廣護宮時隔 14 年的建醮，如此重要的地方大事，沒有記錄就太可惜了，因此《轉個灣》的創刊號誕生，未來希望有餘力能繼續報導大灣二三事。

07 Kiâm-tsúi 心適代

形塑南方鄉村的在地觀點

總編陳瑩如

關注地域—台南鹽水｜**製作單位**—日出南方工作室｜**團隊成立年份**—2021 年｜**創刊年月**—2021.12｜**最新刊年月**—2022.5｜**發行期數**—2 期｜**發行頻率**—不定期｜**價格**—200 元｜**經費主要來源**—文化部補助經費｜**印量**—500 本｜**頁數**—32 ～ 48 頁｜**編輯人數**—5 人｜**寄售點**—博客來、誠品、金石堂、拾間文化網路商店等｜**其他行動**—新書分享會、獨立書店分享對談、品墨良行各路本本創作展售會、嘉義讀嘉文學生活市集展售等

▶▶ Kiâm-tsúi（鹹水），指台南鹽水。這是由鹽水出發的地方誌，以嶄新觀點及開闊視野，深入關注嘉南平原的鄉村生活。秉持「地方為主體」理念，每期以 MOOK 型態規畫一個專題，深入探討地方的農漁業、職人技藝、文化傳承、人物故事、村落影像、文學、藝術創新及地方創生等各面向，不定期持續出版，累積形塑南方在地觀點、彰顯鄉村生活價值。

08 O'rip 生活旅人

當之無愧的台灣地方刊物始祖

關注地域—花蓮｜**製作單位**—O' rip 生活旅人工作室｜**團隊成立年份**—2006 年｜**創刊年月**—2006.5｜**最新刊年月**—2016.5｜**發行期數**—47 期｜**發行頻率**—雙月刊｜**價格**—訂閱一年六本便酌收寄送費用 300 元｜**經費主要來源**—廣告頁收入｜**印量**—5000 本｜**頁數**—24 ～ 36 頁｜**編輯人數**—2 人｜**寄售點**—全台近 200 間特色店家與誠品書店｜**其他行動**—小旅行、講座、展覽

▶▶**瑩如**—我一直認為一個地方刊物的編輯，須同時具備外地旅人和本地生活者的兩種視角，既保有好奇感，也能深入挖掘地方特色。婚後由台北移居花蓮的前誠品企劃王玉萍和夥伴們所規劃的《O'rip》正是最佳的代表。這本創刊時間很早，刊名為阿美族語「生活」之意，持續將花蓮生活的美好傳達給外界，我喜歡它的人文風格，開本也很特別，曾影響不少社區或單位參照這個規格做文宣。

09 路克米

與時俱進，解構府城的點點滴滴

關注地域—台南｜**製作單位**—古都保存再生文教基金會｜**團隊成立年份**—1999 年｜**創刊年月**—2006.9｜**最新刊年月**—2020.3｜**發行期數**—39 期｜**發行頻率**—月刊→雙月刊→季刊→不定期｜**價格**—一般刊免費、自由樂捐／特刊 120 ～ 200 元｜**經費主要來源**—自掏腰包／讀者樂捐／少數補助計畫｜**印量**—一般刊 4000 ～ 20000 本／特刊 2000 本｜**頁數**—一般刊 4 ～ 32 頁／特刊 48 頁｜**編輯人數**—1 ～ 2 人｜**索取／寄售點**—奉茶、波哥茶飲｜**其他行動**—老屋學校講座、展覽、走讀導覽

▶▶**竹方**—搭配著「歡迎索取．自由樂捐」的小木箱，是《路克米》的套裝標配。剛認識《路克米》的那年，我正好在台南的二手書店打工，看著《路克米》每期的主題，就好像解構台南的各種元素，透過一個點、一個點逐步認識府城，十分有趣，也讓我重新認識自己成長的這塊土地。

▶▶**瑩如**—早期在台南市區咖啡店裡常會看見一期薄薄的《路克米》供免費索取，喜歡隨意翻閱，讓我更了解府城的點滴，也感受到編輯者對府城的愛，長期細膩地觀察老城區的生活、歷史與文化。最近在獨立書店看到本刊不一樣了，改以雜誌形態定價販售，也開始關注變化中的府城，如第 39 期（2022 年 3 月號）便以移居台南的香港人為題，探討其時代背景、府城的港食和新台南人的生活等。

一般刊全刊閱讀 ▲▲

10 慢漫刊

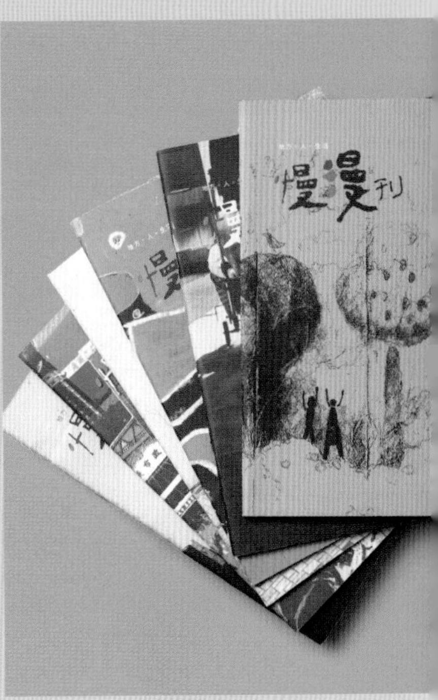

關注地域—嘉義｜**製作單位**—嘉義市人文關懷協會｜**團隊成立年份**—2002 年｜**創刊年月**—2007.10 ｜**最新刊年月**—2010.11 ｜**發行期數**—6 期｜**發行頻率**—不定期｜**價格**—150 元｜**經費主要來源**—第 1 期為補助計畫，第 2 ~ 6 期為自行籌資與販售｜**印量**—第 1 期 2000 本，之後為 1000 本｜**頁數**—40 頁｜**編輯人數**—2 人｜**寄售點**—Daisy 的雜貨店、Bless 淺山房、國王蝴蝶咖啡 Roicafe 等｜**其他行動**—參加獨立刊物編輯出版相關主題的講座

▶▶**竹方**—《慢漫刊》對我而言，算是影響我的始祖級刊物。那時剛好在嘉義念書，看到嘉義出了這本刊物，覺得十分新奇。十多年過去，《桃城晃遊》出現了，再回頭看《慢漫刊》依舊十分有意思，從中也可觀察這十多年來的嘉義、嘉義人、嘉義人的生活，變與不變，自在地在這座城市流轉著。

▶▶**瑩如**—由於我高中在嘉義讀書，因此對嘉義市有種親切感。這本雜誌創刊時就注意到了，但直到十年後參與島內散步導覽課程時才更深刻體認到它的價值所在。當聽到導覽同學用很貼切的形容詞詮釋城市特質時，如「東市場」就像是嘉義人的廚房；每個人心中都有一座記憶中的「嘉義公園」等，原來許多觀點都出自這本刊物。建築師陳世岸老師主編本刊，以新觀點發現嘉義市的獨特性格，一直到今日仍發揮影響力。

2008-2010

11 野上野下

經典農村刊物代表

關注地域—高雄美濃｜**製作單位**—野上野下工作室｜**團隊成立年份**—2009 年｜**創刊年月**—2008.10 ｜**最新刊年月**—2014.5 ｜**發行期數**—11 期｜**發行頻率**—不定期｜**價格**—120 元｜**經費主要來源**—補助計畫／自掏腰包｜**印量**—300 ~ 1000 本｜**頁數**—40 頁｜**編輯人數**—4 人｜**寄售點**—讀冊生活網路書店｜**其他行動**—小旅行、講座、展覽、市集、農業體驗

▶▶ **JIMI 編**—印象很深刻，第一本看見年輕人在農村生活的樣貌，元氣、質樸又帶點搞怪的形象，就是在《野上野下》這本前輩刊物！每期主題從農作物、料理、手作器具到聚落老街，不脫團隊生活和好奇的探索眼光，即便創刊距今已經 15 年，仍然是一本經典農村刊物！

2011-2013

全刊閱讀 ▶▶

認識台南最輕巧好入手的方式

12 美印臺南

關注地域—台南｜**發行／製作單位**—臺南市政府文化局／探照文化｜**團隊成立年份**—2018 年｜**創刊年月**—2011.10 ｜**最新刊年月**—2023.12 ｜**發行期數**—69 期｜**發行頻率**—季刊｜**價格**—免費｜**經費主要來源**—政府標案｜**印量**—3000 本｜**頁數**—48 頁｜**編輯人數**—3 人｜**索取點**—全國藝文場館、在地場館、獨立書店、在地個性店等（詳參粉專）｜**其他行動**—社群總編直播、每年地圖企劃、在地相關單位合作企劃等

▶▶**瑩如**—改版後開本輕薄短小，雖是台南市政府文化局文創發展科發行的刊物，但規格與內容更像是一本可輕鬆閱讀的地方小誌。本刊從文化創意角度報導台南的文化、生活與產業，我特別喜歡的單元是「本地製造」專欄，每期介紹「Made in Tainan」的在地產業或店家，有些在地特色商家，是我身為台南人也不知道的。

感受南方的沃野氣息

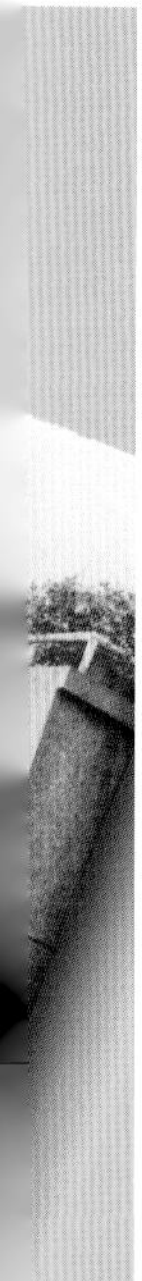

13 透南風

關注地域—南部農漁村｜**製作單位**—透南風文化創意有限公司｜**團隊成立年份**—2011 年｜**創刊年月**—2012.4 ｜**最新刊年月**—2022.6 ｜**發行期數**—7 期｜**發行頻率**—不定期｜**價格**—200 元｜**經費主要來源**—第 1 ～ 6 期自籌、第 7 期募款｜**印量**—2000 本｜**頁數**—68 頁｜**編輯人數**—3 人｜**販售點**—透南風咖啡聚場｜**其他行動**—小旅行、講座、紀錄片

▶▶**瑩如**—報導區域與對象是我的生活圈及熱愛的地方——溪北地區（曾文溪以北），這裡有廣闊稻田、有淺山的龍眼與咖啡、近海的養殖漁群和鹽田等物產；有農漁村聚落的常民文化，及老一輩的生活技藝與記憶。在書頁翻飛之間，有如赤腳踩在泥土裡，感受到南方沃野氣息；也像是拉張板凳坐在老宅院前與阿公阿嬤們閒話家常般親切自然，不時有微涼的風吹過。

14

溫度

從冰點到沸點，呈現台中的全方位溫度

關注地域—台中｜**製作單位**—台灣青年基金會｜**團隊成立年份**—2012 年｜**創刊年月**—2012.8｜**最新刊年月**—2022.9｜**發行期數**—65 期｜**發行頻率**—雙月刊｜**價格**—免費（非當期 20 元／本）｜**經費主要來源**—自掏腰包／大眾籌款｜**印量**—4000 ～ 5000 本｜**頁數**—16 頁｜**編輯人數**—4 ～ 5 人｜**索取點**—台灣青年基金會｜**其他行動**—市集參與

▲▲全刊閱讀

▶▶**啟豪**—如果說地方有一種溫度，那這本深耕台中的《溫度》，選擇了從冰點到沸點之間的跨距範圍。《溫度》呈現出來的，不只常見的歷史人文，甚至跨域到人權、政治、社會、議題等各類不易在地方刊物出現的內容，但無可否認的，地方不會只有美好一面，而更多是現實層面的內容，或許就是《溫度》所呈現出來的溫度，我在地方感受的溫度。

▶▶**竹方**—報導專屬台中人故事的《溫度》，是大開本的版型規劃，字級、行距等都相對友善各種年齡層。除了地方文化的元素，搭配時事，《溫度》也會以議題報導該期主題，透過刊物引動多元議題的討論，不僅呈現出台中人的觀點，進而讓台中住民也更加關心社會議題。

15

暖太陽

帶你步履輕盈地漫步在台中

關注地域—台中｜**發行／製作單位**—土庫里動畫飛行館／咱誌 Let's Zine｜**團隊成立年份**—2009 年｜**創刊年月**—2013.4｜**最新刊年月**—2017.8｜**發行期數**—6 期｜**發行頻率**—季刊｜**價格**—100 元｜**經費主要來源**—文化部補助計畫｜**印量**—1000 本｜**頁數**—32 頁｜**編輯人數**—5 人｜**寄售點**—土庫里當地店家與讀冊生活網路書店等｜**其他行動**—講座

▶▶**竹方**—大多數的地方刊物，多為一種語言，有著中英雙語的《暖太陽》很特別。很喜歡暖太陽的版面和插圖設計，簡單乾淨，還有可愛的中文字體。看著綠意盎然的《暖太陽》，它呈現的台中，和我的印象很不一樣，多了許多可以呼吸的空間，讓人想跟著《暖太陽》一起在台中散散步。

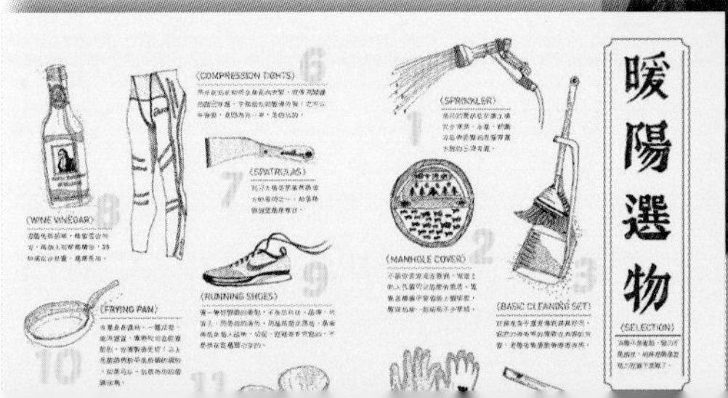

16 蚵寮大潮報

漲潮了，一網打盡蚵仔寮的漁村風光

關注地域—高雄梓官蚵仔寮｜**製作單位**—蚵寮漁村小搖滾｜**團隊成立年份**—2012 年｜**創刊年月**—2013.6｜**最新刊年月**—2014.6｜**發行期數**—3 期｜**發行頻率**—不定期｜**價格**—150 元｜**經費主要來源**—蚵寮漁村小搖滾音樂祭經費餘額｜**印量**—300 本｜**頁數**—24 頁｜**編輯人數**—2 人｜**寄售點**—意滿漁｜**其他行動**—參與金曲音樂特展、高雄歷史博物館特展等

▶▶**竹方**—以漁網做為刊物的外包裝，很快就吸引了流著漁村血液的我！那年我正在台北念書，購買《大潮報》的當下壓根不知道這是一本什麼樣內容的刊物。現在回想起來更是不可思議，這本以蚵仔寮漁村為主題的《大潮報》，編輯群之一的余嘉榮，是《透南風》的總編，也是現在一起工作的夥伴，因緣際會之下，和蚵仔寮卻有著濃濃的緣分。

17 逐步東行

國中生的視角，是通往竹東的一扇窗

關注地域—新竹竹東｜**製作單位**—彭雅芳／逐步東行團隊｜**團隊成立年份**—2014 年｜**創刊年月**—2014.10 ｜**最新刊年月**—2023.7 ｜**發行期數**—10 期｜**發行頻率**—年刊｜**價格**—免費｜**經費主要來源**—補助計畫｜**印量**—1500 本｜**頁數**—40 頁｜**編輯人數**—30 人｜**索取點**—晴耕雨讀小書院、瑯嬛書屋等桃園及全台各地獨立書店｜**其他行動**—發刊會、藝術季、在地工作室、導覽活動和攝影集等

▲▲**全刊閱讀**

▶▶**啟豪**—《逐步東行》，2014 年從瓦當人文書屋長出來，成為通往家鄉竹東的一扇窗戶，期間透過多人參與，以及我所熟悉的地方編採培力模式，讓更多人得以從這扇窗戶，窺見日常不熟悉的竹東風貌，敞開的窗戶，讓更多竹東有趣習俗跟風味流淌出來，逐步給更多讀者了解，同時創造竹東地方人對自身生活場域，更多的理解與驕傲。真的，很不容易！

▶▶**竹方**—很難想像這是一本由國中生製作的刊物，無論是主題企劃、內容文字、攝影插畫、設計版面等等，都有相當程度的成熟度。記得某次和高中老師們討論，想要帶著學生一起做在地刊物，老師們翻閱著我帶去參考的各種刊物，最後不約而同地都拿起《逐步東行》，對於有心想要連結地方知識學的教師們，這本絕對值得參閱。

2014-2016

最狂的小刊物，最生猛的一條街

18 正興聞

關注地域—台南正興街｜**製作單位**—正興幫｜**團隊成立年份**—2014 年｜**創刊年月**—2014.11 ｜**最新刊年月**—2019.10 ｜**發行期數**—8 期｜**發行頻率**—不定期（3 ～ 6 期為季刊）｜**價格**—65 元（第一刊是 64 元）｜**經費主要來源**—第一刊是正興咖啡出印刷費（成員全都是志工），之後每刊靠上一刊賺到的錢｜**印量**—100 本～ 3000 本不等，第二刊另有 500 本日文版｜**頁數**—10 ～ 86 頁，以 64 頁最常見｜**編輯人數**—6 人左右｜**寄售點**—正興街上大部分的店（海安到國華區段），第二刊日文版有上架東京美術館｜**其他行動**—街區市集、正興破壞王活動、正興放送頭活動和無用生活節等，第二刊封面女郎曾出道為「正興三姝」，辦過演唱會、拍過市政府廣告

▶▶**竹方**—約莫 2014 年前後，台南市區最火紅的一條街非「正興街」莫屬，那時的我在台北念書，《正興聞》的出現，正好一解我的鄉愁，雖然我不是正府城的台南人，但在刊物裡的畫面，出現了熟悉的街景、店家，總是讓人感到特別親切，加上《正興聞》風趣、幽默的編排，常常讓人好想回台南。

▶▶**瑩如**—我特別喜歡第 2 期，由在街區生活的小人物——素人阿嬤「正興三姝」登上封面，成為閃亮亮的主角，後來還受邀為台南市政府拍攝觀光宣傳影片，成為另類明星。本刊將庶民美學掌握得恰到好處，引領出一股台式美學風潮，該期還推出日文版，將街區特色宣傳給海外遊客。其輕鬆、KUSO、無設限的自由編輯風格，無可取代。

重新檢視並撿拾你想要的生活吧！

19 什貨生活

關注地域—高雄鹽埕｜**製作單位**—叁捌地方生活｜**團隊成立年份**—2013 年｜**創刊年月**—2014.12 ｜**最新刊年月**—2015.9 ｜**發行期數**—4 期｜**發行頻率**—季刊｜**價格**—120 元｜**經費主要來源**—補助計畫｜**印量**—800 本｜**頁數**—88 頁｜**編輯人數**—1 ～ 2 人｜**寄售點**—電子版上架於讀冊生活，實體書曾經銷售點為三餘書店、叁捌地方生活與晃晃二手書店｜**其他行動**—舉辦講座、參與台北國際書展

▶▶ **JIMI 編**—什貨諧音拾獲，拾獲日常生活的吉光片羽，走過春、夏、秋、冬四個季節，正好對應食、衣、住、行四個主題。從封面設計到內容專題，雜誌有種老派的味道，仿若潛進鹽埕最光輝燦爛的歲月裡，金孔雀布行的金色展示架上掛著一匹匹華美的料子、修理偉士牌機車的師傅同時也整理著客人的回憶……。叁捌地方生活是長期耕耘鹽埕的地方團隊，結束《什貨生活》後也並未停下出版的腳步，繼續以《鹽埕水上人家》、《微醺鹽埕》及《鹽埕老派生活指南》等作品引領大家一窺鹽埕的黃金時代。

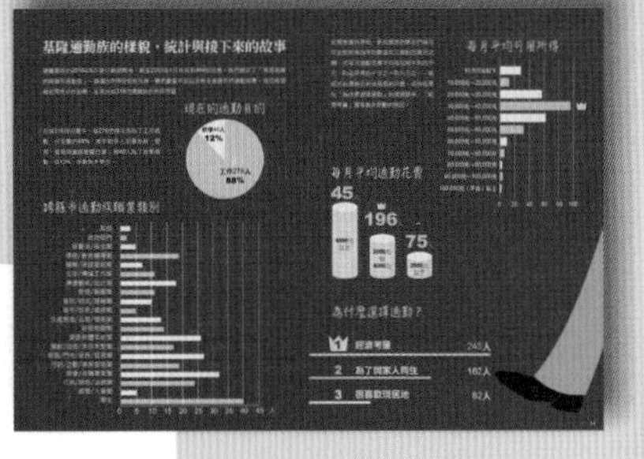

20 雞籠霧雨

每次出刊就是一場行動

關注地域—基隆｜**製作單位**—雞籠霧雨編輯團隊｜**團隊成立年份**—2014 年｜**創刊年月**—2015.1 ｜**最新刊年月**—2017.10（已停刊）｜**發行期數**—4 期｜**發行頻率**—不定期｜**價格**—230 元｜**經費主要來源**—文化部青村力經費｜**印量**—1000 本｜**頁數**—第一刊、第二刊約 32 ～ 48 頁，第三刊、第四刊約 72 ～ 80 頁｜**編輯人數**—4 ～ 5 人｜**寄售點**—基隆咖啡店寄售如金豆咖啡、Loka 咖啡及友善書業合作社社員書店｜**其他行動**—舉辦勞動權益／通勤相關講座、碼頭西岸小旅行、碼頭工人小吃小旅行，並參與獨立刊物市集

▶▶ **JIMI 編**——開始會關注基隆港碼頭工人和倉庫，是透過《雞籠霧雨》舉辦的相關活動認識這個議題和在地團隊，也才藉此認識刊物本身。對於編製團隊能以同等質量的精神心力，編製刊物和號召行動，紮紮實實的感受到出刊本身就是地方行動的實踐！

傳遞蘭嶼新聲，是我們的工作與責任

21 952 vazay tamo

關注地域—蘭嶼｜**製作單位**—952vazaytamo 製刊社｜**團隊成立年份**—2014 年｜**創刊年月**—2015.2 ｜**最新刊年月**—2016.4 ｜**發行期數**—4 期｜**發行頻率**—不定期｜**價格**—150 元｜**經費主要來源**—文化部青年村落計畫｜**印量**—500 ～ 2000 本｜**頁數**—約 70 頁｜**編輯人數**—6 人｜**寄售點**—已絕版｜**其他行動**—無

▶▶ **JIMI 編**—光是刊名就十分引人矚目，宛如一串密碼。「952」為蘭嶼的郵遞區號，而「vazay tamo」則是達悟族語，意思是「我們的工作」、「我們的責任」——這是一本蘭嶼青年想用自己的聲音，將當代蘭嶼議題傳遞給大眾的雜誌。刊物單元都非常多元，軟（如服飾與祭典等文化側寫）硬（如核廢與島嶼觀光化等社會議題）兼顧，還有不同主題的蘭島地圖、族語小教室及心理測驗等，每一期都讓人收穫滿滿。

22 《貢丸湯》新竹地方生活誌

關注地域—新竹｜**製作單位**—見域 Citilens ｜**團隊成立年份**—2014 年｜**創刊年月**—2015.3 ｜**最新刊年月**—2023.11 ｜**發行期數**—31 期｜**發行頻率**—季刊｜**價格**—200 元｜**經費主要來源**—自掏腰包｜**印量**—1500 ～ 2000 本，視有無特殊印刷與後加工微調數量｜**頁數**—68 頁｜**編輯人數**—10 人｜**販售點**—見域青草座｜**其他行動**—地方書寫工作者育成、文化體驗教育、導覽、地方創生知能講座舉辦等

官網購買▶▶

▶▶**啟豪**—如果要從市場性來看地方刊物，那《貢丸湯》是我認為極為靠近市場的一本，活潑的插畫、現代化的排版風格，加上每期有趣企劃的切入，散發著一種外地人心中最理想地方刊物的氣息，如果用現代用語來形容，應該就是傳說中的「風格」，而貢丸湯就是這麼一本「風格」的地方刊物，提供閱讀者一種方便吞嚥新竹地方資訊的閱讀模式。

▶▶**瑩如**—會注目本刊，並非受封面裝幀或金鼎獎得獎的名氣所吸引，而是每期主題都非常有趣，總令人眼睛一亮，且收到書後迫不及待翻開內頁，看看編輯們如何呈現該主題，我認為「編輯的核心是企劃力」，本刊正充分體現這樣的概念。不知不覺中，書架上累積了多期貢丸湯。因地方刊物經常面臨經費與人力不足問題，本刊能長期穩定出刊也很令人敬佩。

23 五花鹽

台灣就是一塊五花肉，越嚼越有味道

關注地域—台灣各地｜**製作單位**—五花鹽 BaconPress ｜**團隊成立年份**—2014 年｜**創刊年月**—2015.4 ｜**最新刊年月**—2018.2 ｜**發行期數**—8 期｜**發行頻率**—不定期｜**價格**—250 元｜**經費主要來源**—自掏腰包｜**印量**—3000 ～ 5000 本｜**頁數**—第一期 48 頁，逐期變厚至第八期 80 頁｜**編輯人數**—4 人｜**寄售點**—全台獨立書店｜**其他行動**—無

▶▶**竹方**—很喜歡《五花鹽》的企劃，整本刊物扣合著當期主題，也有幾期以議題探討地方。編排活潑有趣，無論是插圖，或是一些畫重點的小 memo，讓有些具歷史性或地方性的小知識，讀起來更為輕鬆。另外，隨刊附贈的小冊子也很值得閱讀；還有，腰封的書衣不僅精緻吸睛，有時背面也會藏一點小巧思，整本刊物就像驚喜包，令人期待！

▶▶官網購買

尋找高雄土地上的好味道

24 旬味

▲▲全刊閱讀

關注地域—高雄｜**發行／製作單位**—高雄市政府農業局／透南風文化創意有限公司｜**團隊成立年份**—2011 年｜**創刊年月**—2016.3 ｜**最新刊年月**—2020.3 ｜**發行期數**—48 期｜**發行頻率**—月刊｜**價格**—免費｜**經費主要來源**—政府標案｜**印量**—10000 份｜**頁數**—8 頁｜**編輯人數**—1 人｜**索取點**—透南風咖啡聚場、誠品書店等｜**其他行動**—小旅行、講座、展覽

▶▶**啟豪**—《旬味》，亦為尋味，尋找分布在高雄的不同農食味道，也尋找著不同農友在土地上的人味，本為高雄農業局介紹高雄在地農味的報刊，後來更集結成冊，成為一本有著高雄豐厚味道的書籍，是台灣地方刊物發展過程中，一個有趣的存在。其製作團隊，也是我地方刊物的路上前輩——「透南風」，擅長地方深入的功力，在此刊物中一覽無遺。

25 永靖枝仔冰

以素樸的心，寫家鄉的事

關注地域—彰化永靖｜**製作單位**—成美文化園｜**團隊成立年份**—2015 年｜**創刊年月**—2016.4 ｜**最新刊年月**—2017.6 ｜**發行期數**—7 期｜**發行頻率**—雙月刊｜**價格**—免費｜**經費主要來源**—自掏腰包｜**印量**—2000 本｜**頁數**—8 ～ 38 頁｜**編輯人數**—8 人｜**索取點**—永靖街 60 號與其他自發提供地點的商家約 20 家｜**其他行動**—地方創生類型工作坊、攝影展

▶▶**竹方**—忘記是在哪裡拿到的這本《永靖枝仔冰》，這本圖文的字裡行間都能看到永靖的質樸與誠懇，是一本由永靖素人共同編輯的刊物，在工作與家庭時間之餘，一起寫家鄉的故事。也許正因如此，讀起來更具在地性，無論是當地學校的校慶、手作美食、彩繪牆等都是書寫的主題，也能深深感受到編輯群們熱愛永靖的心。

爆笑又勵志的深溝小事

26 深溝年報

關注地域—宜蘭員山深溝村｜**製作單位**—田文社｜**團隊成立年份**—2015 年｜**創刊年月**—2016.10 ｜**最新刊年月**—2019.6 ｜**發行期數**—3 期｜**發行頻率**—年刊｜**價格**—買米附刊，單獨購買 50 ～ 60 元｜**經費主要來源**—自掏腰包｜**印量**—500 ～ 1000 份｜**頁數**—16 頁｜**編輯人數**—1 人｜**販售點**—隨當年度米寄出、田文社官網店｜**其他行動**—無

▶▶**倚祈**—我是田文社社長 Over（林欣琦）和她筆下的彭顯惠的粉絲！從她在 FB 相簿裡頭「第一次種菜就失敗」分享顯惠各種種菜的故事，又勵志又爆笑。說真的，對於看到「第一次 XX 就成功」這種標題有些煩感，寶貴的經驗似乎都會在失敗的序曲中漸漸發酵開來。Over：「《深溝年報》報導了一整年份深溝大小事。說實在，是本深溝笑話糗事集。」

▲▲官網購買　▲▲第一期線上閱讀

27 台味誌

最雞毛蒜皮的台味生活百科

關注地域—台灣各地｜**製作單位**—就日設計有限公司｜**團隊成立年份**—2016 年｜**創刊年月**—2016.10 ｜**最新刊年月**—2021.1 ｜**發行期數**—4 期｜**發行頻率**—不定期｜**價格**—220 ～ 999 元｜**經費主要來源**—自掏腰包／嘖嘖募資｜**印量**—1500 本｜**頁數**—62 頁｜**編輯人數**—24 人｜**寄售點**—青鳥書店、博客來、讀冊｜**其他行動**—講座分享、綜藝節目

▶▶**倚祈**—《台味誌》是一本很有行銷頭腦的刊物，剛開始就以嘖嘖募資聰明地揭開序幕，每本封面都直接大辣辣的用了人物特寫來抓住讀者眼睛，目標受眾除台灣人自己看還增加了日文頁面。《台味誌》——任何小事在我們看來都是大事，記錄台灣人的生活樣貌，立志成為一本最普通，最雞毛蒜皮的台味生活百科。

客座藝術家眼中的南方澳風景

28 about: 關於地方 _ 南方澳誌

全刊官網介紹▲▲

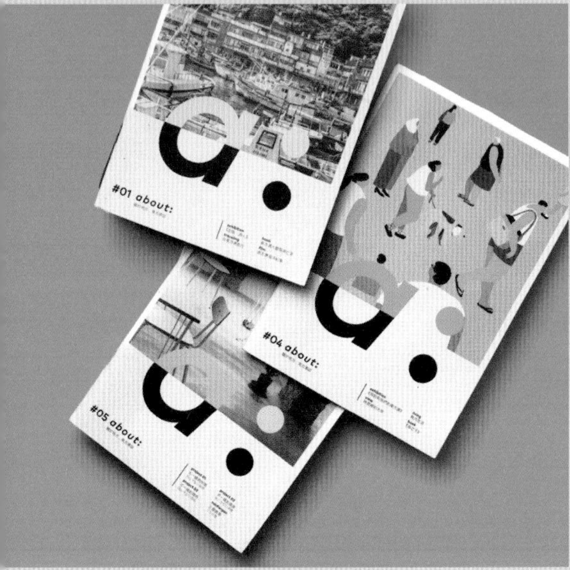

關注地域—宜蘭南方澳｜**製作單位**—關於地方工作室｜**團隊成立年份**—2016 年｜**創刊年月**—2016.12 ｜**最新刊年月**—2020.6 ｜**發行期數**—9 期｜**發行頻率**—不定期｜**價格**—100 元｜**經費主要來源**—The New Days 旅店營運金費｜**印量**—1000 本｜**頁數**—40 頁｜**編輯人數**—2 人｜**販售點**—The New Days 旅店、讀冊生活、Pinkoi ｜**其他行動**—展覽（每期刊物都是於 The New Days 展覽的紀錄及創作者訪談）

▶▶**倚祈**—每期丟一位外地人到南方澳生活，以他們的視角策展出屬於自己的南方澳。強調「一次只談一件小事」，諸如「和小朋友去旅行」、「要不要一個人去看海」、「信仰 Faith」。拋開以往「地方刊物」複雜情緒，像是位極簡主義者，一個簡單的企劃，卻讓人彷彿跟著每一位客座一起吸到南方澳空氣裡的鹹味，小小一本排版舒服讀起來輕鬆愜意。

可吃又可讀，妙趣橫生的潮農誌

29 旅人食通信《不二味》

關注地域—台灣各地｜**製作單位**—旅人食通信｜**團隊成立年份**—2017 年｜**創刊年月**—2017.6 ｜**最新刊年月**—2023.12 ｜**發行期數**—6 期｜**發行頻率**—不定期｜**價格**—220 元｜**經費主要來源**—初期為補助計畫，後期為農企業、地方政府單位專刊聯名合作｜**印量**—1000 ～ 3000 本｜**頁數**—約 28 頁｜**編輯人數**—初期為參與式編輯（4 ～ 5 位），後期精簡人力為一位主編負責｜**寄售點**—誠品書店、博客來、讀冊等，閱讀或農村市集也會不定時快閃｜**其他行動**—與合作單位的新刊發表或展售活動

▶▶**倚祈**—日本食通信（食べる通信）的理念近幾年在台灣蔓延開來，而《旅人食通信》也是始動團隊之一，以「食材」為主角帶讀者們認識家鄉的潮農情報，台灣食通信風格種種，而這本特別 Q ～絕對和總編曉恩有很大的關係（本身就很 Q），每期用很天馬行空的方式製作，我覺得也非常適合小朋友看。

流轉於山海之交的切片痕跡

30 山海集

關注地域—苗栗竹南｜**製作單位**—苗栗縣在地文化推廣協會｜**團隊成立年份**—2018 年｜**創刊年月**—2018.1 ｜**最新刊年月**—2023.10 ｜**發行期數**—5 期｜**發行頻率**—年刊｜**價格**—100 元｜**經費主要來源**—苗栗縣文觀局／自售自籌｜**印量**—1000 本｜**頁數**—52 頁｜**編輯人數**—3 ～ 5 人｜**販售點**—番社 30 陳家古厝、起點書房、中山 168、友善書業合作社社員書店｜**其他行動**—主題小旅行、巡迴分享講座

▶▶**啟豪**—《山海集》是一本從地方長出來的刊物，由居住竹南當地的人們，串聯地方力量共同製作而成，可從刊物的視野中，感受到與地方的近距離，無論是竹南日常或是竹南的人、事、物，都可藉由山海集的敘事角度，細緻地看到流轉地方的切片痕跡，品出相當有趣的興味，而我在閱讀中，彷彿也藉由這樣的興味，站上了竹南的土地。

▶▶**官網購買**

咬一口道地的南洋味

31 緬甸街

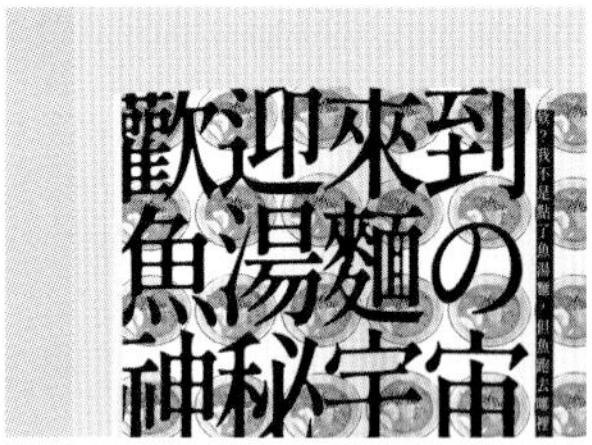

關注地域—新北中和華新街｜**製作單位**—鳴個喇叭 緬甸街｜**團隊成立年份**—2018 年｜**創刊年月**—2018.4 ｜**最新刊年月**—2021.1 ｜**發行期數**—6 期｜**發行頻率**—不定期｜**價格**—250 元｜**經費主要來源**—補助計畫／自掏腰包（後期比例較高）｜**印量**—1500 ～ 2000 本｜**頁數**—64 ～ 128 頁｜**編輯人數**—3 ～ 5 人｜**販售點**—三季 sanji teahouse、讀冊生活網路書店｜**其他行動**—體驗設計（街區走讀、料理教室、私廚家宴等）、展覽與專案企劃、地方媒體（雜誌書籍出版、Podcast、線上媒體平台）、餐飲服務、空間經營

▶▶ **JIMI 編**—第一次遇見《緬甸街》是在牯嶺街書香創意市集，攤位上不只陳列著以「緬甸奶茶」為題的雜誌，還備有幾包皇家牌緬甸即溶奶茶一起販售，十分應景（笑）。翻開書頁，就像是走進了中和華新街色彩斑斕的巷弄中，雜誌鑽入此地緬甸社群的肌理，每一期細細介紹破酥包、魚湯麵或稀豆粉粑粑絲等深植於緬甸人記憶中的料理，不但勾動讀者食慾，同時也以最好入口的方式，帶領人們認識緬甸移民在台灣的種種議題。

全刊官網介紹與試閱▶▶

32 桃城晃遊

城市就是一座博物館

關注地域—嘉義｜**發行／製作單位**—嘉義市立博物館／透南風文化創意有限公司｜**團隊成立年份**—2011 年｜**創刊年月**—2018.5 ｜**最新刊年月**—2023.7 ｜**發行期數**—15 期｜**發行頻率**—2018-2021 年季刊、2022-2023 年半年刊｜**價格**—2018-2021 年免費索取、2022-2023 年會員寄送制｜**經費主要來源**—政府標案｜**印量**—2018-2021 年 3000 冊、2022-2023 年 2000 冊｜**頁數**—2018-2022 年 48 頁、2023 年 64 頁｜**編輯人數**—1 人｜**索取點**—嘉義市立博物館｜**其他行動**—小旅行、講座、對談分享會、圖文徵集活動

▶▶**竹方**—2018 年發刊的《桃城晃遊》是嘉義市立博物館的館刊，那時博物館正轉型為一座市民共創的城市博物館，館刊的定位就如同城市誌，典藏並展示嘉義市的多元風采。隨著 2021 年博物館重新開放，《桃城晃遊》的角色也逐漸轉變，除了持續書寫嘉義，也多了博物館代言人的使命，以城市博物館的基本精神，探索這座城市的生活本質。

▲▲全刊閱讀

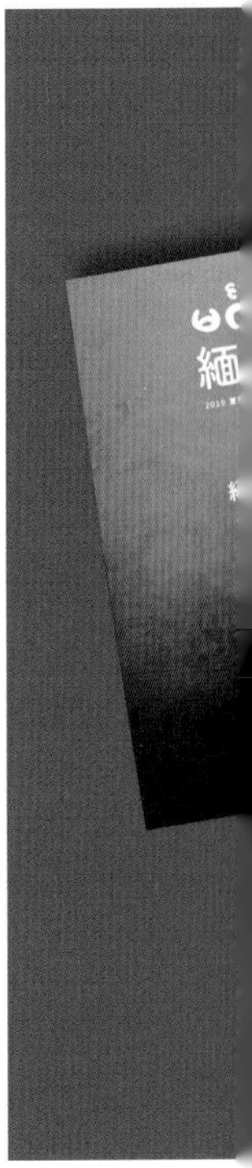

33 聽明誌

和沙鍋魚頭一樣料好實在

關注地域—嘉義｜**製作單位**—林聰明沙鍋魚頭｜**團隊成立年份**—2018 年｜**創刊年月**—2018.12 ｜**最新刊年月**—2019.4 ｜**發行期數**—2 期｜**發行頻率**—不定期｜**價格**—100（內含消費抵用券）｜**經費主要來源**—自掏腰包｜**印量**—500 ～ 1000 本｜**頁數**—20 頁｜**編輯人數**—3 ～ 5 人｜**販售點**—林聰明沙鍋魚頭｜**其他行動**—展覽、小旅行

▶▶**倚祈**—到嘉義吃「林聰明沙鍋魚頭」是我的旅行標配，曾經嘗試吃其他間卻總是覺得少一味。林聰明第二代林佳慧絕對是老店轉型成功的案例，除了吃這件事她也很關心嘉義在地大小事，從店內的各種擺飾就看得出來。而《聰明誌》在 2018 年創刊，封面就氣派 Show 著林聰明本人，分享店裡的隱藏版故事，林佳慧：「聰明誌很豐富，和沙鍋一樣料很多。」

默默閃耀的新竹職人誌

34 IN 新竹

關注地域—新竹｜**發行／製作單位**—新竹市政府產業發展處／財藝文化編輯團隊｜**團隊成立年份**—2016 年｜**創刊年月**—2019.3 ｜**最新刊年月**—2023.10 ｜**發行期數**—19 期｜**發行頻率**—季刊｜**價格**—120 元｜**經費主要來源**—政府標案｜**印量**—1000 本｜**頁數**—48 頁｜**編輯人數**—3 人｜**寄售點**—博客來、誠品線上及國家書店政府出版品等｜**其他行動**—每期出刊後市長將視行程安排參訪該期季刊報導店家

▶▶**瑩如**—我喜歡各種介紹職人的刊物，本刊正是以發掘新竹默默閃耀的職人與產物為宗旨。第 12 期「新竹潮，潮新竹：給新竹男孩的勝利路 tips」，介紹新竹滑板街及週邊店家，編排有如街頭男孩時尚潮流雜誌，讓人忘了這其實是新竹市政府產業發展處的出版品。我也喜歡和《貢丸湯》一起閱讀，認識不同視角下的新竹。例如第 3 期介紹華麗的新竹「丸文化」，對照《貢丸湯》第 13 期「貢丸的一生」專題，可觀察不同呈現方式，很有趣。

採集城市，看見生活的多元面貌

35 本地 The Place

關注地域—台灣各地｜**發行／製作單位**—各地縣市政府／編集者新聞社｜**團隊成立年份**—2017 年｜**創刊年月**—2019.4 ｜**最新刊年月**—2022.8 ｜**發行期數**—9 期｜**發行頻率**—臺灣文博會展期或不定期｜**價格**—300 元｜**經費主要來源**—各地縣市政府／編輯者新聞社｜**印量**—3000 ～ 4000 本｜**頁數**—152 ～ 176 頁｜**編輯人數**—5 ～ 10 人｜**寄售點**—友善書業合作社社員書店、博客來、誠品實體與網路書店｜**其他行動**—臺灣文博會

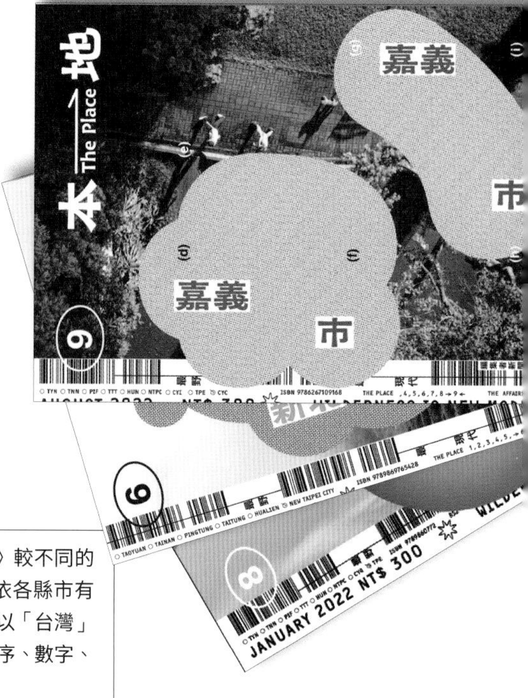

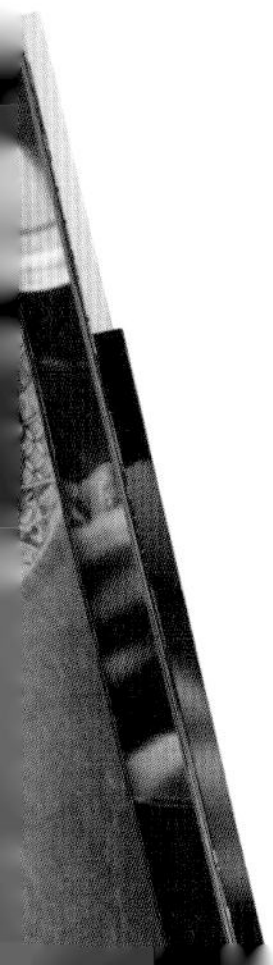

▶▶**倚祈**—和前面的「獨立刊物」相比，《本地 The Place》較不同的是它是由文化部指導、各縣市政府為出版單位，編輯團隊也依各縣市有所不同，且每本皆由同一款車贊助露出，成因看似複雜。一本以「台灣」為主體的刊物，喜歡每本封面寄予一個屬於當地的色票，以時序、數字、地圖、經濟等的前導，深入淺出探究當地的各種樣貌。

各路好手陪你一起走跳彰化城

36 烔話郎

關注地域—彰化｜**製作單位**—白色方塊工作室｜**團隊成立年份**—2015 年｜**創刊年月**—2019.9 ｜**最新刊年月**—2020.9 ｜**發行期數**—2 期｜**發行頻率**—年刊｜**價格**—250 元｜**經費主要來源**—自售自籌｜**印量**—1000 ～ 1500 本｜**頁數**—80 頁｜**編輯人數**—4 ～ 5 人｜**販售點**—白色方塊咖啡店及全台獨立書店｜**其他行動**—講座、展覽、展演企劃

官網購買▶▶

▶▶**倚祈**—分別在 2019 市場號、2020 鐵道號發行兩刊的《烔話郎》，因為白色方塊工作室這個充滿咖啡香的空間，將當地的文字工作者、設計師們串聯在一起。在很久以前此地也曾經是文化協會人士聚集的彰化座，這股底氣就這樣被承續了下來。除了做地方誌外偶爾力氣多一點辦市集、講座、藝術表演、工作坊等。

挖掘與保存員林的生活記憶

37 員林紀事

官網購買▶▶

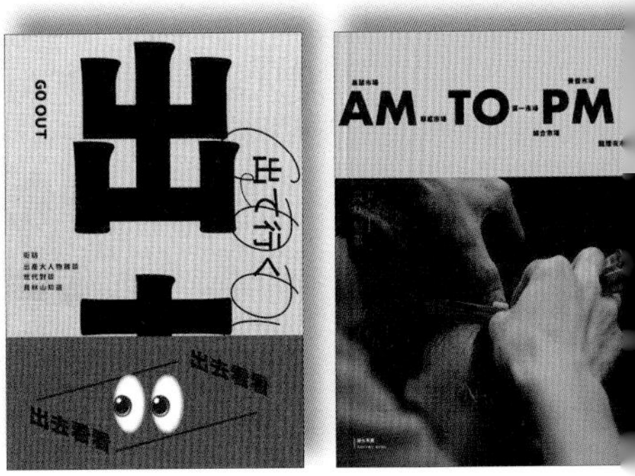

關注地域—彰化員林｜**製作單位**—好好生活書店｜**團隊成立年份**—2019 年｜**創刊年月**—2019.10 ｜**最新刊年月**—2023.10 ｜**發行期數**—3 期｜**發行頻率**—不定期｜**價格**—200 元｜**經費主要來源**—第一刊自掏腰包／第二刊信義房屋計劃／第三刊自籌｜**印量**—1000 ～ 2000 本｜**頁數**—第一刊 64 頁、第二刊 96 頁｜**編輯人數**—5 人｜**販售點**—好好生活書店、彰化在地咖啡店、友善書業合作社社員書店｜**其他行動**—定期地方社群小聚、自媒體影音製作

▶▶**啟豪**—《員林紀事》走一種在紙本上呈現 IG 風格的感覺，透過貼近地方場域的照片，輔以重點式的介紹，讓我曾待過的員林躍然紙上，更是少見在地方刊物上以影像作為主訴求的刊物，而這樣的風格或許來自於刊物創辦人曹竣瑋的影像背景，與其千言萬語，不如用一張深入人心的照片，來呈現地方真實面貌，我覺得這就是員林紀事的另類選擇吧。

讓這份報紙，告訴你龜山的魅力

38 龜山不是島

關注地域—桃園龜山｜**製作單位**—桃園回龜山陣線｜**團隊成立年份**—2018 年（龜山不是島編輯團隊成軍）｜**創刊年月**—2019.11 ｜**最新刊年月**—2022.1 ｜**發行期數**—2 期｜**發行頻率**—年刊｜**價格**—100 元｜**經費主要來源**—第一刊補助計畫／第二刊自籌與贊助｜**印量**—1000 ～ 1500 份｜**頁數**—8 頁（包含封面，每頁將近 A3）｜**編輯人數**—約 9 人｜**寄售點**—新星巷弄書屋、焙思書房與好楓戶農家等｜**其他行動**—講座、營隊

▶▶**倚祈**—一開始知道這本刊物是因為我們《大雄誌》的插畫家也有參與此刊，當時他拿著報紙形式的《龜山不是島》就覺得很喜歡。目前發行兩刊的《龜山不是島》由一群生活在桃園龜山的夥伴組成，每位夥伴各自有正職，皆是安排下班後時間開會討論。很多地方刊物都是這樣的團隊組成模式，既沒壓力又做得開心。

2020-2022

真的不悶，其實有點騷

39 新莊騷

關注地域—新北新莊｜**製作單位**—好滙造事工作室｜**團隊成立年份**—2019 年｜**創刊年月**—2020.1 ｜**最新刊年月**—2023.10 ｜**發行期數**—9 期｜**發行頻率**—不定期，每年一至三刊（視籌募資金狀況）｜**價格**—免費｜**經費主要來源**—自掏腰包／補助計畫／廣告贊助｜**印量**—1000 ～ 2000 本｜**頁數**—64 頁｜**編輯人數**—3 ～ 6 人｜**索取點**—新莊區 30 間咖啡店／藝文空間提供索取｜**其他行動**—講座、導覽、市集、展覽、座談會

▶▶ **JIMI 編**—不知從何時開始，每當踏進新莊的咖啡店就會先左顧右盼尋找《新莊騷》的蹤影。兩本雜誌配一杯咖啡，一個下午就這樣過去了。作為台北的衛星都市，新莊在許多人眼中面貌模糊，因此雜誌從最生活化的主題切入，企圖告訴大家：「新莊不悶，其實有點騷！」特別喜歡第五期〈誰跟你下新莊〉，每回問新莊朋友「上下新莊到底差在哪？」他們都會露出曖昧不明的微笑，好像一百個新莊人有一百種答案一樣。本期從歷史和地景的角度介紹新莊生活圈的劃分，結論是：上下新莊，都是好新莊。

全刊閱讀▶▶

用影像說一曲台南溪北的故事

40 叩問影像在地誌

關注地域—台南大新營地區｜**發行／製作單位**—社團法人臺南市南瀛文化協會／曬書店｜**團隊成立年份**—2005 年｜**創刊年月**—2020.9｜**最新刊年月**—2020.11｜**發行期數**—2 期｜**發行頻率**—不定期｜**價格**—300 元｜**經費主要來源**—補助計畫｜**印量**—100 本｜**頁數**—66 頁｜**編輯人數**—5 人｜**販售點**—曬書店｜**其他行動**—攝影工作坊

▶▶**瑩如**—由我的攝影老師許乃文主編，計發行兩期。刊物聚焦在台南溪北（曾文溪以北）地區，與多數地方誌不同的是，這是一本「影像誌」，透過主題徵稿方式，邀集各地攝影愛好者以溪北地區人事物為對象來進行創作，經編輯群篩選和編排後，融合了本地與外地創作者不同觀看視角，有如共譜合奏曲，也有如進行紙上對話。我和許多朋友的作品都參與其中。

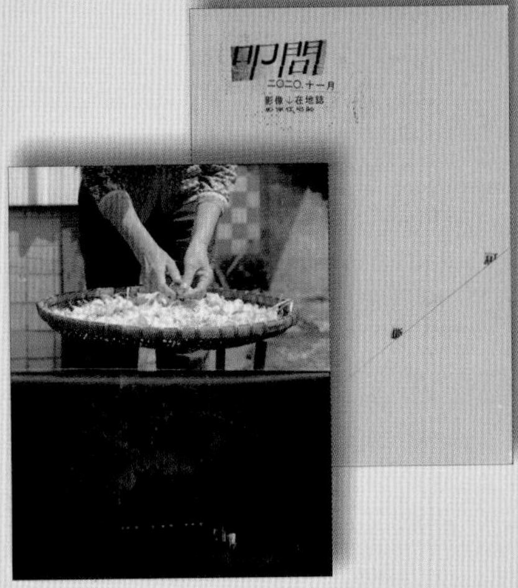

▶▶全刊閱讀

41 浯島城事

打開屬於金門的醇厚溫暖

關注地域—金門｜**發行／製作單位**—金門縣政府／在想創意有限公司｜**團隊成立年份**—2014 年｜**創刊年月**—2020.12｜**最新刊年月**—2022.12｜**發行期數**—13 期｜**發行頻率**—雙月刊｜**價格**—免費｜**經費主要來源**—政府標案｜**印量**—1000 本｜**頁數**—52 頁｜**編輯人數**—3 人｜**索取點**—膩珈琲、蓊蓊書店｜**其他行動**—無，以線上宣傳為主（IG、官網、YT）

▶▶ **JIMI 編**—書寫金門在地故事，是一本讓人眼睛一亮的政府刊物。得過第 46 屆金鼎獎的它，編排清爽乾淨、內容也非常厚實，印象特別深刻的是第五期，談疫情下的金門人如何生活。邀請金門的健身教練教大家居家運動 tips、訪問老師怎麼遠距教學等，看見疫情下並非停擺的島嶼日常，對我而言是特別有生活感的雜誌主題。

關於這片海的一切，它都想知道

42 海想知道

關注地域—基隆｜**製作單位**—星濱山共創工作室｜**團隊成立年份**—2017 年｜**創刊年月**—2021.1｜**最新刊年月**—2023.4｜**發行期數**—8 期｜**發行頻率**—不定期｜**價格**—120 ～ 180 元｜**經費主要來源**—補助計畫｜**印量**—500 ～ 600 本｜**頁數**—40 頁｜**編輯人數**—5 人｜**販售點**—星濱選品客廳、基隆太平青鳥、友善書業合作社社員書店｜**其他行動**—出刊講座、主題式體驗活動、走讀導覽、藝術創作、展覽

▲▲官網購買

▶▶**瑩如**—基隆離我居住的地方很遠，對我來說是比較陌生的都市。在書店發現這一本刊物，被刊名和簡雅的封面設計風格吸引。透過翻閱內容，我好像也能認識到在遙遠的基隆地區創業和生活的人們，以及他們的想法和生活點滴等。本刊是由地方創生團體「星濱山」出版，每期報導基隆海港相關的主題，內容兼顧地方人文與藝術創作面向。

▶▶**倚祈**—基隆和高雄一樣，海味十足。基隆對我來說卻很陌生，無疑是距離的關係，但經常看到刊物團隊「星濱山共創工作室」的蹤影，能透過他們用不同方式認識基隆。《海想知道》相信創作的生長來自於土地的養分，前半段側寫地方人文，後半段聚焦理念創作：換句話說，我們關心土地的故事，也致力於將地方精神轉譯成藝術創作。

43 富岡慢走

搖搖晃晃，來一趟富岡小鎮散策

關注地域—桃園楊梅富岡｜**製作單位**—富富．小山岡｜**團隊成立年份**—2020 年｜**創刊年月**—2021.5｜**最新刊年月**—2021.6｜**發行期數**—2 期｜**發行頻率**—不定期｜**價格**—免費｜**經費主要來源**—自籌｜**印量**—1000 本｜**頁數**—12 頁｜**編輯人數**—2 人｜**索取點**—富富．小山岡｜**其他行動**—老屋活化、小旅行、文化工作坊、食農教育、客家語言傳承

▶▶**竹方**—打開《富岡慢走》，創刊號第一頁跨頁刊尾的信義街店面立面，就帶我穿越了時空，彷彿真的來到了這座富岡小鎮；接著透過解析、旅行提案和青年回鄉等單元，帶著我一步步認識富岡，以及這群正在試著擾動富岡的人們，讓從沒去過富岡的我，也希望未來能安排時間，搭乘區間車，慢慢走進富岡。

▲▲全刊閱讀

44 台東慢波提案

像去朋友家那樣輕盈又落地

關注地域—台東｜**發行／製作單位**—臺東縣政府文化處／臺東設計中心｜**團隊成立年份**—2017 年｜**創刊年月**—2021.5 ｜**最新刊年月**—2023.10 ｜**發行期數**—7 期｜**發行頻率**—半年刊｜**價格**—免費｜**經費主要來源**—政府標案｜**印量**—1000 ～ 2000 本｜**頁數**—36 ～ 72 頁｜**編輯人數**—2 ～ 5 人｜**索取點**—臺東設計中心、野室珈琲、力卡珈琲｜**其他行動**—「台東慢波電台」Podcast ／ YouTube 節目

▶▶ **JIMI 編**—每次翻看《台東慢波提案》總是享受，像是可以提著簡便行李、出發去友人家過夜般愜意。想想應是取材視角保持著旅行者的好奇，又多點生活者的細膩觀察，讓人期待下一頁會看到什麼照片和哪位移居者的故事，也從每期企劃感受到設計之於生活的模樣，可以輕盈又落地。

▲▲**全刊閱讀**

探路部落，深入日常就是深入在地

45 來義鄉刊

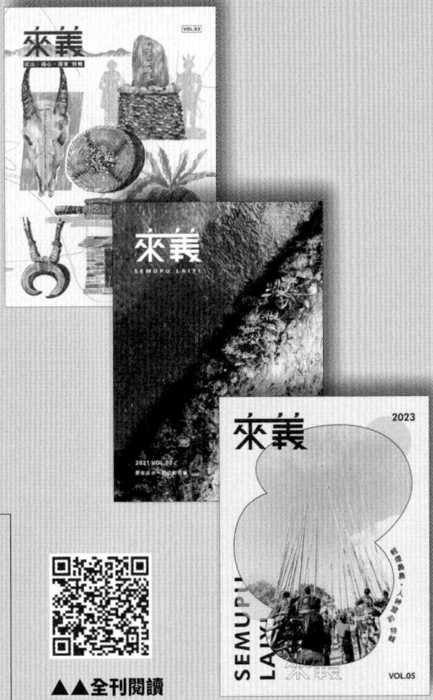

關注地域—屏東縣來義鄉｜**發行／製作單位**—屏東縣來義鄉公所／繫本屋團隊｜**團隊成立年份**—2017 年｜**創刊年月**—2021.6 ｜**最新刊年月**—2023.7 ｜**發行期數**—5 期｜**發行頻率**—半年刊｜**價格**—免費｜**經費主要來源**—政府標案｜**印量**—1000 本｜**頁數**—38 頁｜**編輯人數**—4 人｜**索取點**—繫本屋、紅氣球島之食華山店、日榮本屋、三餘書店等全台各地獨立書店｜**其他行動**—參與走讀台灣、香港藝術書展、高雄書市與攝影小誌節等

▶▶**啟豪**—《來義》顧名思義，就是在介紹來義這個原民聚落的刊物，從內容就可以感受到濃濃的部落生活跟原民樣貌，並且書中帶著大量的族語，讓像我這樣不在來義居住的讀者，得以理解在台灣地圖上，自己完全不熟悉的一個地方，甚至透過聚落居民的自述，逐步架構出自身故鄉的模樣，當我敞徉於內容之時，彷彿也能感受其流動的來義日常。

▲▲**全刊閱讀**

有一種綠叫作綠島的綠

46 島嶼綠

關注地域—綠島｜**製作單位**—島嶼綠工作室｜**團隊成立年份**—2021 年｜**創刊年月**—2021.8｜**最新刊年月**—2022.11｜**發行期數**—2 期｜**發行頻率**—不定期（原則上一年一期）｜**價格**—450 元（含離島運費）｜**經費主要來源**—自掏腰包｜**印量**—約 500 本｜**頁數**—約 150 頁（逐期努力增加中）｜**編輯人數**—4 人｜**販售點**—島嶼綠工作室、台東晃晃書店、思享森林咖啡共享空間｜**其他行動**—在地踏查與走讀、人權藝術季協力、村落關懷、校園文學繪畫創作工作坊與競賽、獎學金、農漁特產推廣、地方食農教育、村落餐桌等

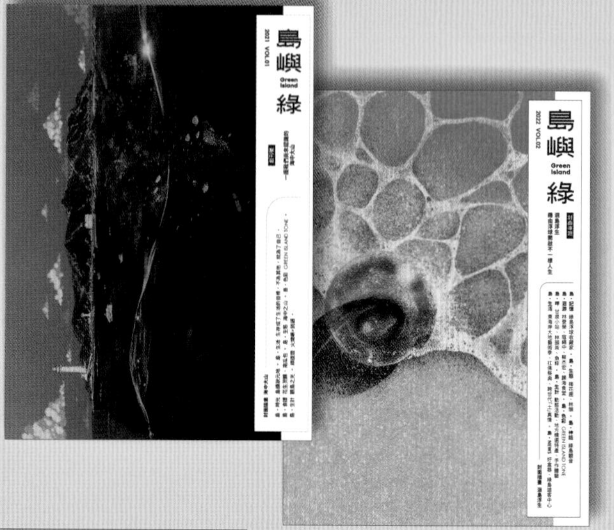

▶▶ **JIMI 編**—作為少見的綠島地方刊物，《島嶼綠》的刊物問題意識非常明確：有感於近年來島嶼快速觀光化，以及年輕人為了教育和生計、老年人為了醫療資源紛紛移居本島，雜誌想透過記錄在地島民的聲音，讓具有綠島本色的觀點發聲。作為台島人，我確實也很好奇綠島人如何生活，他們的節慶、文化和日常飲食有哪些特色？除了解答上述疑問外，刊物也沒有避談觀光，而是從生態、環保和特產小故事等切角呈現深度觀光的面向，可說是非常兼容並蓄。

47 倒風島豐

來一場倒風內海的知性之旅

關注地域—台南北門三寮灣、蘆竹溝｜**製作單位**—迴聲社造｜**團隊成立年份**—2020 年｜**創刊年月**—2021.10｜**最新刊年月**—2022.10｜**發行期數**—2 期｜**發行頻率**—年刊｜**價格**—免費｜**經費主要來源**—補助計畫｜**印量**—300 ～ 500 本｜**頁數**—13 頁｜**編輯人數**—4 ～ 8 人｜**索取點**—北門三寮灣東隆宮文化中心、蘆竹溝蚵學園區｜**其他行動**—夏季大學校、文史小隊、蚵車行動展、產業小旅行

▶▶ **竹方**—在一個社造成果的活動中認識的《倒風島豐》，有別於一般的地方刊物，這是一本由成大歷史系的學生與在地居民及學童共創的刊物。其中，和學童合力完成的地圖及「記憶時光機」特別有意思，例如：第一期以 Q&A 手法整理出學童對「柑仔店」的想法；另外，「里民放送頭」也是我很喜歡的單元，以生活化的方式呈現出地方的集體記憶。

▲▲全刊閱讀

什麼才是濱線的絕佳配方？

48 濱線配方

▲▲線上版閱讀

關注地域—高雄哈瑪星｜**製作單位**—打狗文史再興會社｜**團隊成立年份**—2012 年｜**創刊年月**—2021.11｜**最新刊年月**—2021.11｜**發行期數**—單期｜**發行頻率**—不定期｜**價格**—免費｜**經費主要來源**—補助計畫｜**印量**—500 份｜**頁數**—線上版 6 頁、紙本版 8 頁｜**編輯人數**—1 人｜**索取點**—打狗文史再興會社、三餘書店、工友福利社｜**其他行動**—刊物閱覽點／索取點邀請串連、高雄文學館索取專區及民眾心得分享合作

▶▶**瑩如**—在獨立書店接觸到本刊，僅此一期，報刊形式，有質樸的觸感。內容結構的組成很獨特，吸引我的好奇，包含建築研究、街區飲食文化，後院的植物圖鑑及街區歷史等，心想為何這樣規劃？翻閱後才明白，原來這就是所謂的濱線「配方」：「25% 老街風情、25% 在地文史、25% 院裡植栽、25% 創意料理」。濱線（Hamasen）地區是高雄現代化的起源，本刊是「新濱老街共好計畫」的成果集結。

以字灌溉，挖掘食材從土地到餐桌間的面貌

49 書物食通信

關注地域—台灣各地｜**製作單位**—紅氣球書屋｜**團隊成立年份**—2017 年｜**創刊年月**—2022.2｜**最新刊年月**—2022.4｜**發行期數**—4 期｜**發行頻率**—不定期｜**價格**—200 元｜**經費主要來源**—補助計畫｜**印量**—800 本｜**頁數**—16 ～ 20 頁｜**編輯人數**—2 ～ 4 人｜**販售點**—紅氣球書屋全台四間分店｜**其他行動**—刊物發表會

▶▶**啟豪**—「食通信」源頭為日本 311 後，高橋博之創辦的《東北食通信》，主打「一本附食材的刊物」，串聯生產者與消費者直接交流的訴求，在日本引起巨大回響，爾後引進台灣，台灣版食通信出現，而我也從中參與了兩期書物食通信的製作，透過一本一個食材，從生產者、食材及食材應用（食譜）著手，讓讀者了解，每個食材到餐桌之間的面貌。

50 蘇澳人

看完可以假裝自己是蘇澳鎮民

關注地域—宜蘭蘇澳｜**發行／製作單位**—宜蘭縣蘇澳鎮公所／吳小枝｜**團隊成立年份**—2022年｜**創刊年月**—2022.3｜**最新刊年月**—2023.9｜**發行期數**—7期｜**發行頻率**—季刊｜**價格**—免費｜**經費主要來源**—政府標案｜**印量**—3000本｜**頁數**—53頁｜**編輯人數**—2人｜**索取點**—蘇澳鎮立圖書館與蘇澳鎮內商家｜**其他行動**—舉辦與當期封面人物特色相關之記者會，如乘獨木舟撿河廢、手做娃娃展售等

▶▶ **JIMI 編**—如果地方刊物的目的，是讀完之後精熟該地方的生活消息，那《蘇澳人》完全做到了！畢竟才看過兩期，就能得知鎮上最知名的「海犬王」阿地於去年去世、蘇澳冷泉旁有間「美得冒泡」老屋改造新空間，和為什麼「阿海海鮮」會使用過去知名「華南食堂」的專屬餐盤，豐富精彩而貼近地方的內容，完全滿溢50多頁篇幅。

深入認識幫助台灣開外掛的移工生命

51 開外掛

關注地域—高雄屏東｜**製作單位**—開外掛編輯團隊｜**團隊成立年份**—2020年｜**創刊年月**—2022.6｜**最新刊年月**—2022.6｜**發行期數**—1期｜**發行頻率**—不定期｜**價格**—280元｜**經費主要來源**—文化部文化平權補助／雜誌販售／自掏腰包｜**印量**—1500本｜**頁數**—78頁｜**編輯人數**—3～4人｜**寄售點**—7-11店到店、樂天Kobo、友善書業合作社社員書店｜**其他行動**—東港印尼漁工生活場景走讀、移工造型師講座、撥筋工作坊等

▶▶ **倚祈**—2020年思妮組成了一個編輯團隊，為了發行一本關於南部的東南亞刊物，而我也默默地成為一員，在印尼獨立日還一起去美濃參與了一場席地而坐的手扒飯菜餚。等了兩年終於拿到成品很感動（原本還以為被放棄了），光封面就很抓眼，最喜歡的是《開外掛》這個刊名，引人遐想、值得反思。

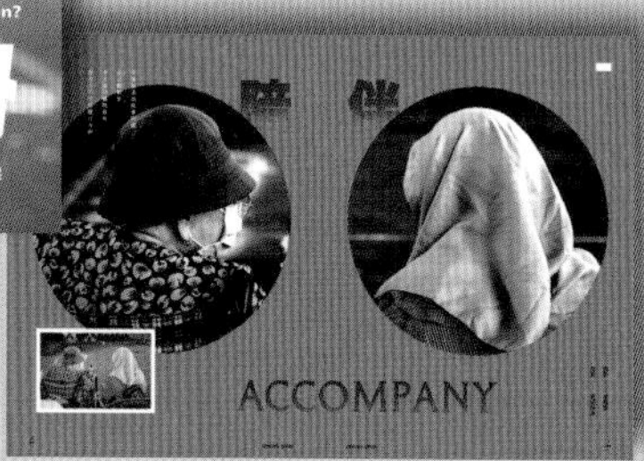

▲▲官方購買

訴說太魯閣族與布農族的千言萬語

52 太布河里

▲▲全刊閱讀

關注地域—花蓮萬榮｜**製作單位**—我們在這裡文化藝術工作室／阿改玩生活公司｜**團隊成立年份**—我們在這裡文化藝術工作室 2009 年／阿改玩公司 2021 年｜**創刊年月**—2022.9 ｜**最新刊年月**—2023.8 ｜**發行期數**—4 期｜**發行頻率**—不定期｜**價格**—免費｜**經費主要來源**—國家發展委員會地方創生青年培力工作站補助計畫｜**印量**—1000 ～ 1500 本｜**頁數**—6 ～ 10 頁｜**編輯人數**—9 人｜**索取點**—萬榮鄉公所、萬榮各村村辦公所、花蓮市區各地藝文相關商店及書店等｜**其他行動**—「晒布行動＿織者串連」展覽

▶▶ **JIMI 編**—第一次將《太布河里》捧在手中時超級驚艷，不單單是它的 size 大得異於常人、像一匹優雅垂下的布帛，也因為巨幅照片在大尺寸報刊上呈現起來效果絕佳。「太」指太魯閣族、「布」指布農族，這份刊物想講的是生活在花蓮萬榮的太魯閣族與布農族人的故事，每篇文章都有種散文般的優美感，娓娓道來部落的農作物種植、家族的開拓史與遷徙族人的尋根之路等。

53 嘉畫

野生的、溫暖的，走進巷弄間採集嘉義

關注地域—嘉義｜**發行／製作單位**—李俊俋競選總部／採照文化｜**團隊成立年份**—2018 年｜**創刊年月**—2022.10 ｜**最新刊年月**—2022.12 ｜**發行期數**—3 期｜**發行頻率**—月刊｜**價格**—免費｜**經費主要來源**—贊助計畫｜**印量**—20000 份｜**頁數**—20 頁｜**編輯人數**—8 人｜**索取點**—勇氣書房、台灣圖書室、秋書室、渺渺書店、志美圖書室、新華美西裝社等｜**其他行動**—刊物相關座談會

▶▶ **竹方**—因為編採《桃城晃遊》的緣故，常常留意與嘉義有關的大小事，2022 年出刊的《嘉畫》選擇的是我也很喜歡的報刊形式。記得我參加過其中一場在勇氣書房的分享會，當天有些受訪者受邀來到現場，其中一位嘉義樹木園的保全黃國松也熱情地和大家聊著天，神情中充分感受到他出現在刊物中的喜悅，這也是做地方刊物偶遇的樂事。

▶▶ **瑩如**—「嘉義學」近年很熱門，我好奇的是外地編輯團隊關注到的嘉義是什麼？如何呈現嘉義？創刊號「野生嘉義」訪問嘉義人、嘉義事；第 2 期「嘉義起家」，則呈現不同世代的創業故事。每期以三至四篇人物專訪長文為主軸，其餘單元採類似路上觀察學方式，呈現大量街拍照片集錦及和所遇店家、居民隨意聊開的短文式速寫，組成以他者視角對城市浮光掠影式的印象和觀察。

▲▲創刊號閱讀

54 +1+1+1

關注地域—嘉義｜**發行／製作單位**—嘉義市政府／平凡製作 studio ordinary｜**團隊成立年份**—2021 年｜**創刊年月**—2023.1｜**最新刊年月**—2023.11｜**發行期數**—2 期｜**發行頻率**—年刊｜**價格**—免費｜**經費主要來源**—政府標案｜**印量**—2000 ～ 3000 本｜**頁數**—80 頁｜**編輯人數**—5 人｜**索取點**—嘉義市各獨立書店、咖啡店，全台部分藝文場所亦提供試閱｜**其他行動**—工作坊、講座、走讀、店家串連

▶▶**啟蒙**—《+1+1+1》如其名，是一本介紹嘉義的刊物，而這個 +1 頗為貼切的，是一種展現在原有嘉義基礎上 +1 的風格，甚至多了一份外地人對於在地的視角跟觀察；而時尚雜誌般的封面加上理想生活的敘述，更創造了一種外地人想像中的在地風格，提味了嘉義這座城市的鮮味。而我也從內容中，感受到滿溢的新鮮感，和逐漸在大眾心中 +1 的嘉義。

55 佇遮生活 tī tsia sing-uah：溪北人文地景走讀

走訪裏台南的土地與人

關注地域—台南溪北地區｜**製作單位**—日出南方工作室、臺南市查畝營文史觀光發展協會（合作出版）｜**團隊成立年份**—2021 年｜**創刊年月**—2023.3｜**最新刊年月**—2023.3｜**發行期數**—1 期｜**發行頻率**—單期｜**價格**—300 元｜**經費主要來源**—企業贊助｜**印量**—2500 本｜**頁數**—112 頁｜**編輯人數**—5 人｜**寄售點**—博客來、誠品、金石堂等通路、查畝營創生藝文基地｜**其他行動**—新書分享會、嘉義讀嘉文學生活市集展售、小旅行等

▶▶**啟蒙**—台南溪北地區，歷史悠久，人文豐厚，卻常在舊城（府城）光環下，成為容易被忽略的重要場域，而《佇遮生活》選擇我不熟悉的這裡，走訪白河、後壁、東山、鹽水、柳營等地的人文日常，藉由訪談足跡，架構出專屬溪北的觀光概念，讓我認識到一個個有趣卻沒被看見的地方，展現其生活層次，不禁也讓我再定義在溪北過日子這件事。

▲▲官網購買

你是溪你是靈感

56 擺溪流 Baikei

關注地域—南投埔里眉溪｜**製作單位**—穀笠合作社｜**團隊成立年份**—2014 年｜**創刊年月**—2023.6｜**最新刊年月**—2023.6｜**發行期數**—1 期｜**發行頻率**—不定期｜**價格**—290 元｜**經費主要來源**—補助計畫｜**印量**—1000 本｜**頁數**—79 頁｜**編輯人數**—3 人｜**寄售點**—山里麵、禾恬民宿 Cafe&Bar、籃城書房｜**其他行動**—擺溪流策展

▶▶ **JIMI 編**—充滿手感的紙質和手寫字刊名，搭配整片甜根子草的溪流封面照，好像吹到了河邊清風，讓人忍不住拿起《擺溪流 Baikei》翻閱。以探尋故鄉的溪流為題，全本以「眉溪」為主角，一開場就透過農人、族人、魚人和鳥人帶路，實地探勘走進溪裡，帶領讀者看見不同區段的地景變化。尤其喜歡透過三種人稱視角的圖片呼吸頁，穿插前後，以剛剛好的節奏由外而裡的認識、進入這條溪流。

峨眉最重要的小事

57 眉本事

▶▶全刊閱讀

關注地域—新竹峨眉｜**製作單位**—滾回家｜**團隊成立年份**—2023 年｜**創刊年月**—2023.7｜**最新刊年月**—2023.10｜**發行期數**—2 期｜**發行頻率**—半年刊｜**價格**—免費｜**經費主要來源**—補助計畫｜**印量**—500 ～ 1000 份｜**頁數**—12 頁｜**編輯人數**—5 人｜**索取點**—以大隘三鄉（北埔、峨眉、寶山）平台為主，如峨眉青年據點「水窩 Shui Vo」｜**其他行動**—刊物內容相關之客家 x 南洋點心工作坊、夜間觀察活動等

▶▶ **JIMI 編**—非常可愛的社區小報，拿到會心情很好、會心一笑的那種，設計上有種剪剪貼貼的樸拙手感。收錄考試不會考的冷知識，比如根據不專業分析報告，峨眉的菜包裡不常出現竹筍丁；或專訪在地機車行第二代扛霸子，不只修機車還兼修農機跟阿嬤的菜鍋（？）。編輯群除了返鄉青年外還有關心峨眉的大學生及長居峨眉數十年的植物達人等「眉朋友」，組成很多元，像是吹響了號角，號召大家一起蒐集那些關於峨眉，最重要的小事。

給出空間的甲方＋＋慎重以對的乙方＝《奇萊有誌》

一本遞麥克風給小人物的花蓮~~地方~~官方刊物

文字整理—歐陽夢芝

攝影—李維尼

吳宣萱

《奇萊有誌》第3期～第11期主編。生長於台北，目前棲居花蓮。半途出家念了攝影，後又半途出家走上編輯一途。僅是媒材轉換，凝視還是相同。

陳螢榛

曾於新北市立圖書館淡水分館服務六年，現任花蓮縣文化局藝文推廣科科員，執行《奇萊有誌》業務已達三年，是兩個孩子的媽，喜歡帶小孩遊山玩水

吳勁毅

德國慕尼黑工業大學博士，現任花蓮縣文化局局長，近30年社區營造、城鄉發展及原民事務經驗，從社會發展進程的角度視文化為永不停止的動詞。樂於透過文化事務連結多元社群，以地方諸般眉角的實務為日常。

田浩

曾於台北市政府原住民族事務委員會服務三年，現任花蓮縣文化局藝文推廣科科長。個性豪邁、有正義感及責任感，興趣是喜歡為部落做有意義的事。

夏日午後，接手花蓮縣政府《奇萊有誌》刊物三年的吳宣萱，第一次以主編身份和文化局長吳勁毅相見歡。歡快氣氛下，儼然變成（不知是否遲來的）告白大會，裡面有局長、科長、科員和主編的相互告白，局長對局內的告白，還有主編對花蓮、對台灣的愛的告白。

Q1 請文化局分享《奇萊有誌》的創辦想法，及爲何邀請宣萱來承辦？

螢榛——最初是前科長簡哲士的想法，想出版記錄花蓮縣文化事務：包括視覺藝術、地方創生、表演藝術，也定調成花蓮人物誌。他希望讓大家看見花蓮的小人小事，而不是官方版面。2020年剛開始的第0～2期，拆成很多部分發包給不同單位，但出了滿多狀況，後來科長就建議《洄瀾文訊》變成海報形式，和《奇萊有誌》合併在一個標案內，統包給一個單位。

勁毅——綁成一包錢比較多，比較有人做啦！你們這些公務人員都不講人話！（全場爆笑）其實文化局最大的困擾是，民眾只知道花蓮大山大海，七星潭太魯閣，然後就等於零。如何突破刻板印象，是這幾年各地文化局都想努力的。我遇到宣萱時是我擔任文化局社造點補助案的評審，她來提「漂浮菜籽」計畫，主軸圍繞在公園賣菜的阿姨們，透過計劃我看到他的觀察和書寫，也看到他的美學表達。

看得出來他想要傳達某種花蓮日常，但又不是獵奇式的，是另一雙眼睛看到花蓮其他可能性，包括花蓮人怎麼生活。看了之後會發現，對，這就是花蓮！這就是我們要的！這些面貌是花蓮人自己不會講，也是大外宣底下看不見的花蓮。於是我就請哲士科長去找宣萱，看他有沒有興趣，然後我猜想他應該會跳火坑。（燦笑）

宣萱——然後我就跳下去了，哈哈！局長說的這些我都不知道！文化局來找我時有說刊物定調成人物誌，我不疑有他，因為「漂浮菜籽」的計畫，他們知道我都在關注人，所以我就欣然接受挑戰。

想請問宣萱之前的編輯經驗，及剛接到《奇萊有誌》任務時的想法。

Q2

宣萱——我那時沒有很多編輯背景，只出過一本《好東島》，是編輯小白。但我搬來三年，半新不舊，對花蓮還有很多好奇，又不是陌生到完全不清楚，在這時接其實滿好的。

一開始當然還是會自我懷疑和猶豫，因為我不是土生土長的花蓮人，也沒有接過政府標案，覺得這個餅或坑好像很大，有什麼地方我可能看不到⋯⋯但是太想玩玩看了，他們敢找我就敢接！過程中，哲士科長和局長讓我感覺他們不是官僚的公務員，開始有點信心，以及真的很想挑戰看看，想做的心大於害怕。

我只想做自己想看的刊物。過去在讀某些編得很好的地方刊物時，政令宣導跳過，縣長照片一定跳過。所以在一開始規劃的落版單裡，我完全沒有安排長官版面，文化局對此也沒有意見。第一年第3～5期的主題是我對花蓮的提問，藉此機會打著文化局的名號採訪，阿嬤就不會把我拒於門外了！很開心可以做自己好奇的花蓮故事。

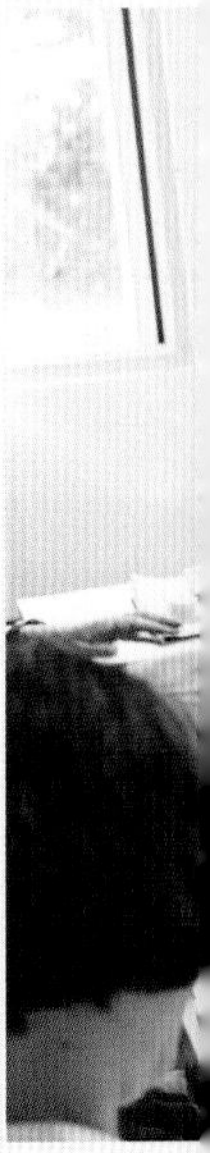

我當時設定一年三期的主題企劃，各找一位插畫家來畫花蓮，畫作收錄在每月的《洄瀾文訊》，四個月後集結在《奇萊有誌》。像是《洄瀾文訊》2021年5月號（收錄在《奇萊有誌》第4期）的山，插畫家說他在畫山時，畫了很久都覺得不對，他媽媽經過看到說：「花蓮的山很大啊！」對，他開始畫更大的山。後來他畫雲，媽媽說花蓮有很多族群可以畫啊！對，他又開始在雲上面畫祖先。我笑說，「你媽是art director啊！」⋯⋯還有2023年3月號那幅，也得到滿多回應，螢榛說很多人回饋那幅畫很像記憶中的花蓮，甚至有香港人寫信給插畫家問如何取得，因為他爸爸記憶中鳳林的山就長這樣。我很喜歡這種連結！

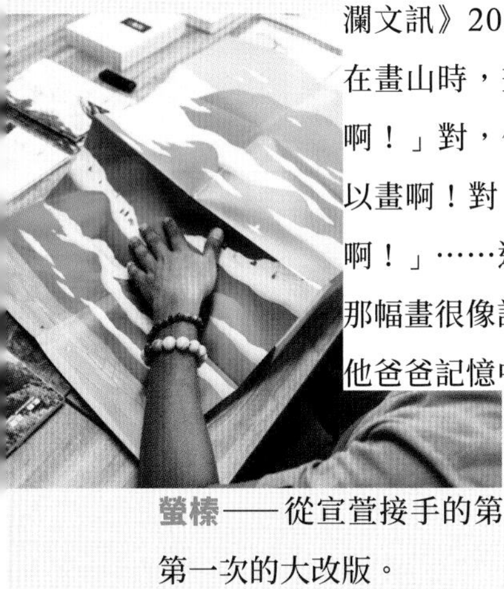

Q3

爲什麼決定改版刊物？和過去有什麼不同？

螢榛——從宣萱接手的第3期開始，因為換人接手而有了第一次的大改版。

宣萱——我一開始接就設定封面和封底的照片一邊是山、一邊是海，想要讓照片是橫的，書封文字是直的，我想要的效果是，轉了90度讀者就會意識到這是照片，然後封面封底間就像是被山海夾著的——花蓮的人們。

勁毅——那時前科長跑來問我說，「如果封面照橫放，但是字是直的，OK嗎？」我那時看著他說：「你一定沒有用限動！你如果拍橫的照片想放滿版，是不是就得轉成90度？」（停格半秒後全場大笑）

宣萱——接下來每年的小改版是我對自己的挑戰。第一年的採訪過程中，很喜歡地方現場你一言我一語、講兒時故事的感覺，我想把這個場景保留下來，所以第二年開闢了〈一張嘴・花蕊蕊〉專欄，以掃QR Code的方式聽現場收音。我希望讀者有種拉張椅子，坐在旁邊聊天的感受。

因為我本人的興趣是老人家，很多採訪者都是65歲以上，後來想想這怎麼可以，花蓮還有很多年輕人在做有趣的事，所以第二年也多了〈幕後首腦〉這個單元介紹新興團體。到第三年，疫情讓群聚錄音變得困難，決定暫停。同時也發現一個受訪者可以衍生出好多討論，所以今年想挑戰能不能將議題延伸得更完整。

我設定的讀者並非只有在地人，也有想來花蓮生活的人，或是在花蓮生活一陣子的人，所以後面設計了固定單元〈食舖住行〉，讓人真的去那裡走走，吃吃小店。另外，其實很多在花蓮生長的人們，平時不會移動到生活範圍之外，比如在花蓮市生活的人，可能不清楚豐濱或卓溪的風景和文化，甚至有人到外縣市念書，聽同學說才知道花蓮很多原住民！這本刊物出來之後，有很多在地人跟我說重新認識了花蓮，這就是最好的結果。

Q4 雙方在製作刊物的過程中，如何運作協力？

宣萱——我會在前一年年底提明年的服務建議書，正式進行前會再提供當期受訪名單。過往每月開一次編輯會議報告進度，今年變成雙月會。再來就是設計排版好後，提供黑白印稿給文化局看文字，同時請印務幫忙製作裝訂好的數位樣，讓他們跑流程。成品出來後一半的量由我寄送，其餘由文化局負責。

田浩——文化局相信專業，所以在這個案子，我們的角色主要在行政程序上的協助。

勁毅——每次看到採訪名單，我大概會知道宣萱的版圖移動到哪一塊了，很厲害！但我參與的很少，都是看會議記錄才知道。文化局目前是執行者在最前端，但承辦人不一定精準知道自己所採取的行動，對整件事情的推進有什麼效果，只照行政習慣走，於是很多事不上呈，我就不會知道（在局長的「小抱怨」下，當場booking了局長參與下次的編輯會議）。但好在這個案子第一本好，後面也就放心了。宣萱的拿捏這麼完美，幹嘛不放手讓他做？為何要插手那麼多？

如果希望編輯依照局內的名單去採訪，那就是所謂的大外宣，這不是在做文化工作。我希望讓宣萱保有他的觀點，因為移居者本來就有一個距離，運用這個距離去觀察、去探索花蓮，不是來自行政部門的指令。這是我們想呈現的花蓮，並非編輯委員要的長相。如果這麼做，會把自己包在一個世界，讓整件事跟花蓮無關，這非常可怕！

Q5 合作過程會遇過什麼困難，後來如何解決？

宣萱——聽局長講我覺得好有趣。雖然我不管文化局的要求，其實我也沒問，不過還是會擔心，沒有政績真的可以嗎？剛剛聽了才知道，我們的想法一致真是太好了！

一開始前科長給我很大的信心。但我要簽約前還是很緊張，我的意見很多，那時螢榛應該也被我弄的……。（兩人相視苦笑）因為我邀請了插畫家跟攝影師，不能讓他們權益受損，過去公部門的授權書是讓你放棄著作人格權，那時我跟局長反應這已經不合時宜了，局長當下就說對，不能讓這件事發生！

螢榛——我記得第一次合作，黑白稿來的時候我改了很多，以為是我的職責，後來我才知道不用改，哈！

宣萱——其實文化局只要看有沒有大問題，例如資訊或標點符號錯誤，但螢榛是以「改作文」的方式在改。我還慎重地寫了不是很客氣的話，說我們尊重每位寫手，這本書就是不同寫手的風格集結……也因為這件事他才知道原來只要改錯字就好。這是磨合期，後來就滿順利的。

宣萱——還有今年第10期的《能動．花蓮》探討運動。起心動念是因為某次搭火車，車上有很多穿棒球裝的學生，通常年輕人聚集都會很吵，我當時以為這趟旅程完了！結果他們出乎意料地安靜有禮，還幫別人拿行李，真是好可愛的孩子！但最後的受訪名單沒有棒球，田科長有問為什麼？我覺得很多事是看緣分，先遇到誰，覺得好想講他的故事，也希望較冷門的運動項目有機會被看到……然後版面就滿了。但我最後還是有將棒球和田徑——這兩個花蓮最為人所知的運動項目，透過前面的歷史篇章涵蓋進來。

田浩——其實花蓮講棒球也講很多了，同時間有很多運動持續發展中，尤其是射箭，過去足球也很有名，所以有機會讓大家更認識它們，知道發展上的困境，我覺得這樣也是OK的，就接受了。其他部分我們都覺得很好，沒有什麼意見。

勁毅——這期間我只有修改一次《無聊．花蓮》的局長序，把「我來花蓮幾十年」這句話拿掉。因為我想讓大家精準看待本質，不要太以移居者或偏向哪類人的角度，而是回到核心。

目前合作到第10期，想請問雙方最喜歡或覺得最有挑戰性的是哪一期？ Q6

田浩——我最喜歡的是第6期《音階．花蓮》，除了看文字之外，還可以聽到花蓮的聲音，五感都能體驗到，那期也滿受民眾喜歡的。最挑戰的話倒是沒有。

螢榛——我最喜歡的是第3期《黏著×隔離》，也是宣萱接手的第一期，那時看到成品就放心了，知道後面一定都很棒！這期有介紹一位老師，他的成長故事讓我看到掉眼淚，覺得這個孩子好辛苦；他說想去外地，不想待在花蓮，但無形中又有東西把他拉回來。我自己也是考上公務員在外地待了六年，後來正如他所說的，有股力量讓人想回花蓮。

宣萱——對我來說最挑戰的是一開始接的第3期，那時還在摸索，也猶豫政府刊物是不是有「應該要怎樣」的責任。但其實文化局也沒有給我壓力，所以之後我就放飛了，專心去找有興趣的人事物。

宣萱——除了第3期在實驗階段，每一期都很喜歡，手心手背都是肉！目前這一期《能動．花蓮》有漸漸達到我想做的事。若真要說喜歡，我想到的是單元內容。像是第7期採訪日豐磚窯廠，我拍完後它就拆掉了；最後我們念文字給受訪者羅阿姨聽時她還哭了，說「這是很好的結尾」，我們等於幫這個磚窯廠留下最後的回憶……多半是這樣的東西讓我對某幾篇特別珍愛。

Q7 認為這本刊物與其他政府地方刊物，有什麼不同？

田浩——過去縣府出版品中多半都會放政績、或官方人物介紹，但在第3期後有所轉型，篇幅轉而介紹花蓮在地的人物，這應該是和其他刊物最不同的地方了。即使接下來換人接手，這部分還是會延續下去。（2024年吳宣萱因個人因素不續接《奇萊有誌》）

宣萱——我很多朋友也問我，文化局沒有要求要放長官的照片和縣長的名字嗎？我說真的沒有，這好像是很不同的地方。

勁毅——對資深公務人員來說，「揣摩上意」是內建機制，除非跟他講：「欸，不需要喔！」他才會打破。再來很多政府刊物都在比設計，看起來很華麗，但是都沒有內容；不然就是有種中產階級的美學，這沒有不好，但那不是我要選擇的美學。有些甚至會在社群網路PO出厲害的主視覺，索取一空後就結束了，你甚至不會記得去年、前年哪一個地方文化局做了什麼？

有一次發現某縣市的在地刊物呈現出的是假象之後，我就很少看地方刊物了，感覺大家都在辛苦地撐出某個想展現的樣子。我覺得《奇萊有誌》傳達出來的，其實不只是人物本身，而是透過這個人物採訪，看見某一部份的花蓮，一本刊物在眾聲喧嘩後，還有沒有存在的意義？我覺得多年之後，偶然翻到《奇萊有誌》，裡頭依舊是花蓮。

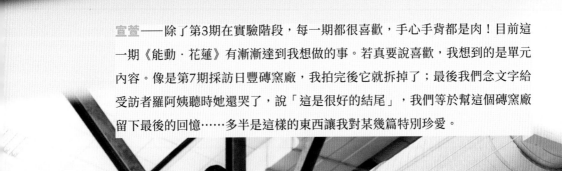

宣萱——雖然《奇萊有誌》採訪很多個人的生命故事，但一定都受環境影響。例如某位客家爺爺搬來花蓮，時空背景是因為八七水災，或者採訪時很多阿姨都會害羞說「我的故事不好聽啦！我不會講話啦！」，我都要一再地說，「不，你的故事代表的不只是你自己，跟你同年齡的很多女性，都和你有相同經歷。」我對這背後的故事很感興趣。謝謝局長看到這件事。

Q8 認為這本刊物對花蓮的意義或影響？

螢榛——改版之後很多人跟我要刊物耶！可以讓更多人、甚至外縣市更認識花蓮，我很開心。我自己也是透過《奇萊有誌》更認識花蓮。

田浩——最大的意義就是破除大家對花蓮的刻板印象，大家都說花蓮好山好水好無聊，但這本刊物讓不論是移居者或觀光客，都有更多探索的可能，也能用不同角度看花蓮。

勁毅——我期待能慢慢改變文化局如何看待自己在做的文化行政工作。長期在公務系統裡頭會形成一種慣性，沒有誰說要這樣、也沒有誰說不要這樣，但要打破卻非常的困難。至少《奇萊有誌》的呈現，讓他們自己有感，思考是否能讓自己辦理的業務，慢慢地往真正的花蓮文化轉向。

我希望讓接觸到這本刊物的人，發現原來官方刊物可以做成這樣。如果今天是由長官開會決定要長成什麼樣子、經過行政會議長出來的章節和重點，它會變得很可怕，像東西丟到機器裡喀拉喀拉出來一樣。這個系統本身跟花蓮文化局要推動的事，在現階段有巨大的落差。過去文化局的體制、思考方式、看到的世界，和認為該做的事，基於各種主客觀條件，只能非常保守常規，沒有存在感。大家只會記得夏戀嘉年華、紅面鴨、日出大道、聯合豐年節等……文化工作很不好做，要很警覺不能進到那個封閉循環，進去就完蛋了！

而且《奇萊有誌》推出的時間久了，確實一直在蔓延發酵。你感覺得出來，不論在哪個場合都會遇到有人說「我看過」，這是我期待的實驗回饋，找到社會脈絡，循著本來就在的脈絡去流動。

宣萱——我其實是搬來花蓮之後，才覺得我認識台灣。花蓮對我來說只是行政區的硬劃分，所以我並沒有想到刊物對花蓮的意義，那只是我認識台灣的一種方式。

但的確希望大家看了之後覺得和自己有連結，或者看到家鄉地名出現在封面上。像第5期的巡山員連叔叔就認出第4期中有自己的鄰居……，對很多花蓮在地人來說，這點很重要。第8期《花香．採工》訪金針花農場，有兩位受訪者始終不願意露臉。我去了兩三次，最後正式採訪剛好是中秋節，他們在烤肉，我坐在旁邊和他們聊天。與此同時，他還是覺得我問這些幹嘛？甚至還問「我要不要付你錢？」最後出刊我拿書送他，他竟然說我還有好多故事可以跟你講，我說你可以跟別人講，讓別人幫你出書，他說沒有，我就要跟你講。

我覺得這一刻都值得了。《奇萊有誌》給了他們話語權，給了他們聚光燈，我相信所有曾經受訪的人們，看到自己的故事被好好地寫出來，照片好好地呈現，尤其對於老人家和婦女——那些不常有聚光燈的人，我想這樣他們就會很滿足了。而這些對我來說，就已足夠了。

LOCAL PRESS FILE 58

創刊年月	2020 年 8 月發行 第 0 期《楊牧紀念特輯》
發刊頻率	目前 1 年 3 期 2024 年改為 1 年 4 期
關注地域	花蓮縣市
目前發行期數	目前 12 本（第 0 期～第 11 期）
索書點	花蓮縣石雕博物館服務台、花蓮縣考古博物館、花蓮縣臨時圖書館、花蓮縣政府服務台、花蓮文化創意產業園區、花蓮市立圖書館、花蓮縣旅遊服務中心及部分咖啡館
線上閱讀	

出刊之後，行動未完待續之分享會

文字—王巧惠　圖片提供—掀海風、返腳咖

時間	8月底某個下班後的晚上
方式	線上對談
參與人員	

掀海風

台大建築與城鄉研究所所長

劉育育　林秀芃　康旻杰

返腳咖

廖珮璇　劉人傑　陳怡廷　張文韋　黃珮綺

太陽花運動之後，當青年回望故土，孵育自己的地方意識，在全台遍地開花的獨立刊物，或依時而生，或一剎花火，展現自發性的地方論述，甚至影響近年政府出版品的美學思考。在所有逐漸被想起的地方景色裡，那些等不到下一期的刊物，現在都去了哪裡？

地方有很多不同的聲音，可以聚集在刊物中產生共振。掀海風在2014年成軍，先是對苑裡展開田野調查，以此為基礎舉辦走讀。然而除了對外的活動，團隊也希望創造鎮內對話的可能。2016年，同名刊物《掀海風》創刊，組織地方青年採訪地方人士，讓地方居民看見彼此。

創刊休刊終有時，

不同於《掀海風》創刊前已有累積，返腳咖在編輯刊物的過程中，一邊重新認識汐止，一邊形塑自己的團隊。「很多時候，我們訂的題目不只是訂給讀者，更是訂給自己。」張文韋回顧２０１８年創刊的《返腳》，以「來去汐止」為題，一部分談汐止人如何離開汐止，一部分探索汐止老街。五個對家鄉不甚熟悉的汐止人，認識不到三個月便共組一支戰隊，編出這本汐止前所未見的刊物。

刊物成為一種名片，讓大眾重新認識地方，也認識這些關注地方的團隊。康旻杰提出另一種面向：「即使不是地方人，不一定就對地方沒有深刻的記憶或興趣，也有可能比較沒有包袱。」他以故鄉頭城為例，來自宜蘭五結利澤簡的葉永韶在此編輯《文風》，發掘創作地方小說的李榮春，走入一名地方媽媽的買菜地圖，以獨樹一格的美學風格，揭露當地的隱藏人物。另外，台大城鄉所在八八風災後進入屏東山區，編輯《石板留言》傳遞災後重建訊息，也以「結婚」、「同學會」等主題，緩解安置於屏東禮納里的三個部落之間的對立意識。

地方刊物具備一定程度的質量，要以同等規模持續出刊實屬不易。休刊並非不再輸出內容，《掀海風》發行兩刊後，地方書寫變形為策展衍生的出版品，或是在網路平台分享紀錄。成員各有其他工作的返腳咖，幾次下期發想都在接踵而至的計畫下擱置。「有行動力的刊物」長出腳，馱著編輯團隊累積地方知識、建立地方連結、關注地方議題，繼而展開下一步行動。

從地方開始，在刊物裡匯流

刊物不只是行動之一，還可以長出新的行動

「發行刊物就是一種行動，它本來就是行動者不同階段的策略，所以可被視為地方行動的一個開展。」地方刊物如康旻杰所言，在出刊之後，蔓長各種可能的枝枒。

《掀海風》第一期採訪排球國手黃培閎的啟蒙教練，得知苑裡國小排球隊面臨招生數不足的困境，他們為刊物銷售設定里程碑，投入部分所得和球隊合辦育樂營。這個持續在苑裡發生的行動，將刊物的關係人口拉進來，曾受訪的涼麵店老闆aka前台積電工程師，就帶著孩子造水火箭學習力學。掀海風也因為這位受訪者走進苑裡市場，開展後續的田調、策展乃至文資保存議題。2018年，大火燒掉這座百年老菜市場，為了維護這個充滿地方記憶的空間，劉育育投入鎮長選舉，刊物或成一切因緣的開端。

返腳咖常言自己是被推著走的行動者。因《返腳》結識的地方人士，將他們推向下一步行動。和文史收藏家姚添進一起整理其老家做為「街道博物館」的起點，並嘗試將博物館延伸至老街。他們租下濟德宮兩個停車格，用350個菜籃拼裝出「街仔便利屋」，同時在中正市場二樓閒置空間策劃「水哉」特展。返腳咖打開各種空間，再藉由走讀、共學、策展等方式，把人帶進來。

「與其說我們是很用力地把人喚回來汐止，不如說汐止的狀況也對應到我們五個人這幾年的階段變化。」黃珮綺一度把自己鑲嵌在汐止，與返腳咖一起打造wawa空地樂園、組成wawa社區探險隊，與孩子一起探索地方；家住汐止老街的劉人傑是地方大小事的影像擔當，當街上蓋起新廟，身處第一線的他，就能即時與宮廟主委討論對地方的想像。張文韋進一步解釋：「我們在這邊長大，但沒有做為一個社會人在這邊產生關係，去介紹自己有怎樣的資源或能力。如果有機會現身的話，其實滿多事情就會自然發生。」返腳咖串連自身所有，也因著過去策劃的行動，再次被推向各種可能的地方參與。

「編輯刊物是我們的地方行動之一，」初登場以刊物編輯現身，陳怡廷並不將返腳咖定義為一個編輯團隊：「我們在集體尋找一種生活感，尋找生活上的夥伴、地方上的夥伴，所以才做這件事情。」返腳咖在沒有預設下一步的情況下繼續行動，感知地景在都市發展下快速變化，地方記憶隨著水患悄然流失。在記錄與學習所及之外，也投入都市原住民聚落、公園參與式設計等空間議題。

無論是花一年製作一本刊物，或是兩週內策劃一場行動，地方編輯的核心始終在於對話。《掀海風》藉由團體編輯，共同指認地方人事物的價值與意義，林秀芃將「海風季」視為一場大規模的團體編輯：「地方編輯是一種公共行動，需要很多人的支持，有錢出錢、有力出力，不同的能力都要出來，才有辦法成就一個行動。」當各地音樂節爭相邀請大團登台，海風季則聚焦在地認同。2022年成為號稱全台第一個舉辦排球賽的藝文季，今年農曆7月的「市場普大夜市」，結合地方風俗、觀光熱度與議題策展，更是接近海風季的理想樣貌。

當代社會的傳播媒介多元，策展或影像更為視覺化，網路傳播更加即時，「不管是影音或是文字的地方編輯，在這個過程當中，其實都是在重新詮釋過去不太被看見的地方素材。」康旻杰舉例《空城現場》，以藝術

到編輯一個地方

從編輯一本刊物，

行動與影像拍攝在桃園航空城拾遺。他也鼓勵打破紙本特定的格式框架，回到zine的原初狀態，擁抱自由與即時性。「其實也沒人定義地方刊物該長什麼樣，但是對這些自我期待很高的編輯，好像深度越來越重要，包袱就越來越重。反而搞得像在寫論文，其實不需要這樣焦慮。」康旻杰想著返腳咖或許可以順應五人各自的武功，一期玩設計，一期做影像散文，或一期節選自成員的論文，即使是同一系列的刊物，每一刊或許能創造出不可預期的樂趣。

MIAOLI 掀海風 YUANLI

59

LOCAL PRESS FILE

創刊時間	2016 年 10 月發行創刊號
發刊頻率	不定期
關注地域	苗栗苑裡
目前發行期數	2 期（創刊號～ No.1 期）
購書點	掀冊店
線上購買	

地方編輯不能忘的是，

非屬城市的地方或鄉鎮，似有較可感知的領域及空間邊界；而城市的開放和流動，往往透過資本的力量抹除地方性和原真性。在全球化的城市競爭下，地方邊界究竟該被強化，或透過路徑打開多孔隙的界面？汐止是一處領域感強烈的地方，或只是眾多城市路徑交織的節點，或根本就是路徑本身？

「我覺得現在的地方行動滿需要去思考一件事，那就是它到底要跟外在世界形成什麼樣的關係或連結？」康旻杰認為地方行動須與外界連結，已是不可避免的趨勢。邊界的鬆動，可能帶來解放的力量，但也可能因此瓦解地方的主體。

浪漫台三線邀請竹東國中生編寫的《逐步東行》參展，頭城傳出知名雜誌／書店策展小鎮五漁村的風聲，外來團隊挾豐富資源與專業編輯力而來，為地方敘事代言，這樣的現象在台灣各地正不斷發生。當外部單位提出合作邀約，對長期蹲點於斯的地方工作者既是機會，也是挑戰。

「當然還是會有一些交戰，但至少有夥伴在一起決定這些事情。」廖珮璇坦言近年常有受到召喚的感覺，返腳咖收到的每個邀請，都會在群組裡評

LOCAL PRESS FILE 60

NEWTAIPEI CITY 返腳 XIZHI

創刊時間	2017年11月發行創刊號《返腳》第一刊主題為「來去汐止」
發刊頻率	不定期
關注地域	新北汐止
目前發行期數	1期
索取點	汐止／汐科／五堵車站免費索取。汐止圖書館、德耀冰果廠、濟德宮、明德堂香舖可定點閱讀，無販售。

這是誰的地方？

估、討論與決議。曾有旅行品牌邀請合作導覽路線，他們卻對複製既有行動推出遊程的模式感到遲疑，「在不同的階段，我都會一直跑出同一個問題，就是我們想要在汐止有什麼樣的生活？」陳怡廷的自我詰問不只關乎個人，且和整個地方息息相關，他們有意識地維持團隊的主體性，連動到後續的各種行動。

「從地方的角度去書寫，其實就是處於邊陲位置。當然我們都希望傳播率更高，可是如果因為那邊資源多，就一直往那邊移動，反而會失去站在邊陲的價值和立場。」林秀芃談到近年大量投資地方創生團隊的西海岸離岸風機，就必須辨識出其利用ESG「漂綠」的意圖。唯有養成在地居民的辨識能力，才有機會對話，並藉由各種行動的累積，逐漸建立地方自信。

編輯最重要的或許並非載體，而是生活在地方的期待，如劉育育所說：「地方行動是being in the place，而不是going to the place。」他們以未完待續的狀態，持續在當地取材，下次見面或許是一期新刊，也或許是一場新的地方行動。

文字作為一種抵抗，凝聚地方共識的獨立刊物

文字——Dido

值得注意的是，這些刊物的出現往往依循著一條條反抗的枝枒，地方上的人們因訴求而集結，並透過發行刊物傳遞他們的聲音。刊物在英國工業革命時期為工人發聲、在納粹統治的至暗時刻帶來微光、在躁動不安的1960年代成為年輕人的心靈寄託，作為一種文字抵抗，持續不斷編織人與地方的關係。

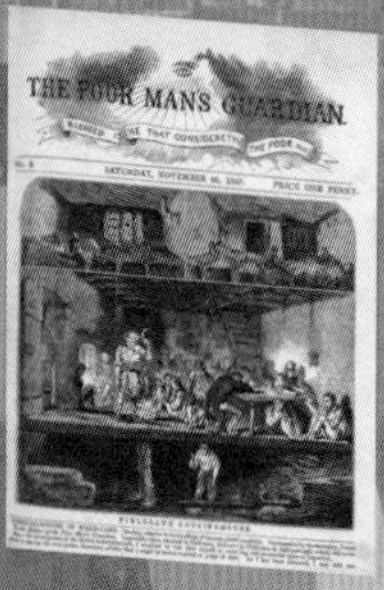

▲《窮人的守護者》

工人社區的反抗之聲：英國《窮人的守護者》

英國最早固定發行的雜誌濫觴於17世紀，當時印刷術已經成熟，科學革命和啟蒙思想迅速發展，知識份子對了解世界的渴望催生了關注自然科學的《皇家科學會報》（*The Philosophical Transactions of the Royal Society*），宣揚共和體制的《政治快報》（*Mercurius Politicus*）等刊物，不過它們服務的對象僅限於皇家菁英。隨著識字率普及，到了18世紀初，各地漸漸出現像《愛丁堡新聞報》（*Edinburgh Courant*）、《諾里奇郵報》（*The Norwich Post*）這類關注大眾生活的報刊，這些地方報紙不僅報導當地動態，也批評時政，於是為控管日漸蓬勃自由的出版業，英國政府於1712年開始徵收報紙與雜誌印花稅，一份7便士的報紙裡頭有超過一半是印花稅成本，使得小型與地方出版社難以為繼，也限制了非貴族與資產階級獲取資訊的管道，降低人民接觸批判政府觀點的可能性。

直到工業革命帶來社會結構轉型，僵化的出版結構才面臨鬆動。19世紀曼徹斯特、伯明罕、利物浦等城市出現許多充斥煙囪與工廠的工人社區，他們面對的是不公平的工作待遇和糟糕的居住條件，英國作家查爾斯·狄更斯便在小說《嚴峻時代》（*Hard Times*）描繪了工人們的日常：「生活中所有必需品都很稀缺和昂貴；最常見的疾病，從孩提時代就開始

歐洲篇

擾動地方關係的歐洲獨立刊物有著悠久歷史，隨著都市化與印刷術發展，在人口集中之地成為傳遞資訊不可或缺的載體，更與現代民族國家的發展息息相關，是人們抵抗外部壓迫、凝聚共識和塑造地方認同的有力工具。

折磨人們，而且逐漸變得更加嚴重：每個小時都在孕育著不滿、墮落和屈辱。」

成長於裁縫家庭的亨利．赫瑟林頓（Henry Hetherington）看見了工人的困境，1831年，他創立僅1便士、所有工人都買得起的週報《窮人的守護者》（*The Poor Man's Guardian*）。週報據點為倫敦，但關注的地域範圍與讀者群為全國各地的工人社區和城市，比如倫敦的貧民社區薩弗倫山（Saffron Hill）一帶。報上報導了英國工人面臨的體制化剝削困境、建構工人階級對社會的新認識，鼓動工人們用自己的力量改變社會，因此也刊登來自工人社區讀者的信件和評論，包括對罷工及各項社會議題的看法，讓他們擁有自己的發聲管道。

這份週報很快在英國各地颳起陣陣旋風，無數工人社區因它而凝聚，就算亨利本人與數百名報紙銷售者因販售《窮人的守護者》而被捕，依然無法澆熄人們心中的焰火。地方上的工人們與同情工人的中產階級聯手確保週報能每週定期出版，利用地下室、小型商家和私人住宅建立起全新的銷售網絡，直至報紙創刊兩年，發行量已達到22000份之多。

除此之外，亨利也對印花稅發起挑戰，認為「對報紙與雜誌課稅即是對知識徵稅」而堅不繳納印花稅，雖因此多次入獄，卻也自下而上開啟社會對刊物徵稅的反省與辯論。1855年，英國政府正式廢除針對雜誌與報紙課徵的印花稅，自此，報紙發行量顯著增長，專門針對特定社群、興趣或地區的小型刊物也獲得了發展空間，在更平等的土地上百花齊放。

▲ 工業革命時期的倫敦街頭。
（本跨頁圖片來源／The National Archives）

Dido

住柏林的懶散台北人，調鬧鐘為了次日必須的早起，是人生中做過最努力的作業。討厭吵架，喜歡講故事，著有《柏林的100種生活》，繼書之後，持續把各種平台作為「宅體」，分享世界大事和生活瑣事。

傳遞希望的地下刊物：荷蘭《我將堅持》

鏡頭轉到海峽彼端的歐洲大陸。古騰堡活字印刷的發明使歐洲內陸比英國更早出現刊物，15世紀中葉後，民間流通許多印刷成本較低的傳單和小冊子，它們大多與宗教和神學相關，譬如由天主教會出版的《女巫之槌》（*Malleus Maleficarum*）是那個時代面向民間的「女巫獵捕」指導手冊；馬丁．路德批判天主教會的《九十五條論綱》也以紙張為載體傳遍整個歐洲，引發後來的宗教改革。

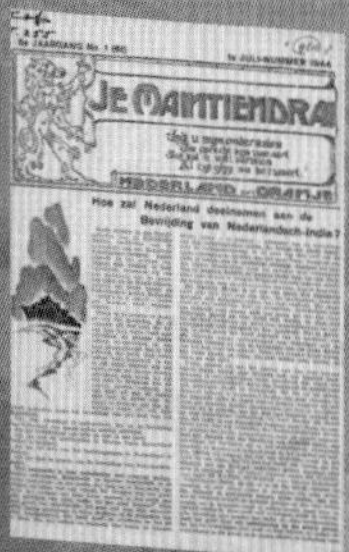
▲《我將堅持》

深諳刊物力量的除了教會，還有必須掌握話語權的統治者。到了20世紀納粹時期，希特勒和他的宣傳部長戈培爾透過報紙、電影等大眾媒體強化統治正當性，同時禁止與納粹黨意識形態相悖的刊物存在，例如威瑪共和時期大受歡迎、以性少數族群為主要讀者的雜誌《女朋友》（*Die Freundin*），以及在柏林的猶太社區發行、報導猶太社群大小事的《猶太評論》（*Jüdische Rundschau*）週報，都被官方認定是違法刊物。

儘管許多報章雜誌無法透過正規渠道發行，但抵抗的星火並未熄滅，轉而潛伏於社區中，著名的地下刊物《我將堅持》（*Je Maintiendrai*）即是一例。《我將堅持》誕生於荷蘭奈梅亨市（Nijmegen）一棟普通民宅的地下室，這個荷蘭東南方的古老城市隸屬於海爾德蘭省、靠近德國邊陲，為1940年德軍入侵荷蘭時第一個被攻下、佔領的地區。

▲德軍轟炸下的奈梅亨。

隨著戰爭持續進行，德國的魔爪也開始伸向奈梅亭的日常生活，比如驅逐城內的猶太社群。奈梅亨人對外來政權的抵抗因而逐漸升溫，不但組織了不少反抗團體，也醞釀出《我將堅持》等地下刊物，在家家戶戶無法自由交流時充當傳訊留言板。為躲避黨衛軍檢查，反抗者改用膠版印刷（hectograph）的方式來降低噪音，刊物也製作成容易藏匿的大小。雖然持有地下刊物極度危險，《我將堅持》仍深受歡迎，因為佔領區的人們相信——購買和閱讀地下刊物是對反抗運動的實際支持，印製之地也成為凝聚地方共識和抵抗活動的重要中心。

二戰時期的歐洲，蓬勃的地下刊物與納粹宣傳機器對文字的濫用形成鮮明對比，無論是善的觀點還是惡的思想，在數位還未到來的時代，這些或因單一事件或定期發行的紙本刊物都對人們的心靈產生巨大影響，也凝聚了地方上的反抗之聲。

▲《擾動 883》（圖片來源／TREND ARCHIV）

形塑想像的共同體：德國《擾動883》、捷克斯洛伐克《窗》

戰後歐洲進入鐵幕時代，以蘇聯與美國為首的東西方陣營在軍事科技、政治體制與意識形態展開全面對抗，與此同時，地方刊物也隨著時代浪潮拍擊的方向，有了不同的變化。

在西歐，隨殖民主義終結、越戰爆發等劇變，年輕人對資本主義產生強烈不信任感，傳統政治結構與大型企業成為被懷疑與批判的對象，左翼及學生運動不斷湧現，歐洲各地出現許多反體制的公社。這些公社成員居住在一起並共同創作，以製作文宣品等方式支持社會運動，也影響了當地居民，譬如由德國西柏林學生與在地青年創立的「一號公社」（Kommune 1）即出版過許多帶有無政府主義特色的刊物，其中最著名的《擾動883》（*Agit 883*），不僅內容上有強烈的左翼色彩，更透過拼貼文字、照片和插圖，借混亂的排版方式呈現反叛的精神內核。刊物以西柏林為起點向外擴散，1960年代末期的德國大學、酒吧等年輕人聚集的場所都能看見《擾動883》的身影，是當時反主流文化的象徵。

同一時期，東歐出現了許多由年輕人主導的「Samizdat」刊物，Samizdat在俄語中原意為

刊信

相對於官方出版的「自我出版」，為蘇聯統治下的祕密出版品。在當時蘇聯共產黨控制下，東歐各國的印刷與複印設備被列為管制品，因此手工製作和用打字機一本一本複製的Samizdat書刊遂成為文字與藝術創作的出口。它們內容多樣，除了人權、宗教自由等異議之聲外，還有更多以當地語言書寫而成的刊物，例如由捷克藝術家團體創辦、寫民族歷史與故事的雜誌《窗》（*Vokno*）以及記述波蘭地方誌的《下西里西亞公報》（*Biuletyn Dolnośląski*）都在蘇聯於東歐推行俄語化政策時，堅持用文字保留地方記憶。作為一種文化抵抗，各地的Samizdat刊物也成為後來東歐民族自決與民主化運動的重要基石。

美國政治學者班納迪克．安德森在其著作《想像的共同體》中描述了民族是如何經由「想像而生」，他認為一個群體的認同不來自血緣或地理位置，而是源於一個深植於人們心中的想像，這個想像由一群人所共享的文化、語言和歷史記憶形塑而成。或許，歐洲的地方刊物核心正在於此：當有了反抗的訴求，地方人士透過刊物為己發聲，或經由刊物力量集結地方上特定階級與立場的人們；而刊物的製作過程與流通，又回過頭來凝聚社區或一地的居民成為共同體。從19世紀英國的工人報紙、納粹佔領時期的荷蘭地下小冊子到戰後東西歐吶喊出各自聲音的雜誌，都是人們在抵抗過程中共同創造的集體敘事，這樣的集體敘事也將在當代持續書寫成冊，帶著被時間凝結的記憶與疤痕，陪伴人們度過每一個既傷痛又美好的年代。

▲《窗》

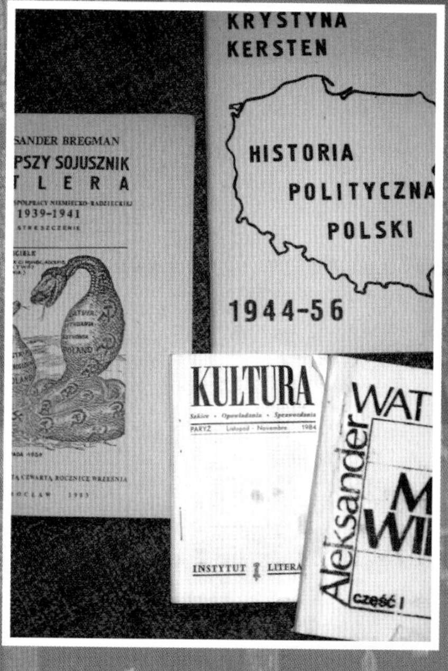

▲ 波蘭的 Samizdat 刊物。

地

推薦！歐洲地方刊物書單

通

The Bristol Cable

由社區挺身驅動的調查報導

（ BOOK 1 ）

關注地域	英國布里斯托
發刊年月	2014 年
出刊頻率	季刊
發行量	不定
價格	免費派發

推薦原因——*The Bristol Cable* 是一份由布里斯托社區成員驅動的線上媒體與線下刊物，當地青年有感於英國新聞業長期被腥羶色小報佔領、近年來又深受網際網路崛起打擊，地方議題逐漸無人聞問，因此決定以眾籌方式組織屬於自己的新媒體，*The Bristol Cable* 這份刊物於焉誕生，專注於深入調查、特寫和分析布里斯托的核心問題，有著具開創性以及需長期追蹤的議題報導。與傳統的商業模式不同，*The Bristol Cable* 依賴會員資助和公眾捐款來運作，這種模式使編輯能保持獨立性，專注於為布里斯托居民提供有品質、有意義的內容。

ExBerliner

獻給移居柏林者的一封信

（ BOOK 2 ）

關注地域	德國柏林
發刊年月	2002 年
出刊頻率	月刊
發行量	15,000 本
價格	7.5 歐元（約 250 元台幣）

推薦原因——*Exberliner* 由三名記者創立，為根植於柏林的英語刊物，希望為柏林日益增長的國際社區提供新聞、文化評論和生活資訊，特別關心身處柏林的外籍居民所面對的問題。雖然雜誌的名稱「ex-berliner」示意目標讀者為「從其他地方來到柏林，但現在視柏林為他們的家的人」，不過優質的內容也吸引了許多對柏林本地文化感興趣的德國居民，使它近一步成為外籍居民與本地人交流的橋樑。

刊

從過去到現在，香港無論是官方或民間始終不乏地區出版，而且出版形式、敘述方向及內容愈來愈百花齊放。不過以往關於地區出版脈絡的研究不多，這篇文章綜合個人認知及經驗，為大家梳理過去十多年來香港地區刊物的前世今生。

想追溯香港地區刊物的出現，就必須回到印刷技術剛普及的時間點——1940年代，適逢二戰結束、中國局勢不穩，大量人口、資金與技術從對岸湧入香港，印刷成本下降，香港出版開始蓬勃發展，多元化出版的時代正式來臨。

從風物志到地區報，香港地區刊物的前身

到了1960年代，本地人喜歡在假日到新界等鄉區消費、旅行，市面上逐漸出現具地區性特色的工具書，如不少針對香港島、九龍、離島或新界旅行路線的文集與黑白地圖。1980年代，愈來愈多針對地區歷史及民生的地區刊物出現，由私營出版社、政府機關和地區團體出版，本地及海外學者、研究員撰寫歷史脈絡，呈現各區的獨特性。再來，隨著區議會成立，各會皆不定期撰寫與出版風物志，概述該區的歷史文化、風土人情和經濟發展等。

另一方面，早期在港華人不少屬客籍、潮州籍或圍村居民（新界客籍原居民，指於英殖民地時代前已在香港居住的人）等，重視傳統祭祀習俗，過去適逢族群節日如太平清醮時節、盂蘭勝會，都會出版紀念特刊記述族群歷史文化與大事紀等，書寫聚落今昔。

進入千禧年代，市場開始出現由主流媒體針對某地區出版的刊物，如星島報業集團於2006年

註——

香港目前劃分為 18 個行政管治分區，慣常以「XX 區」（district）稱呼，如沙田區；而以分區為報導對象的出版，坊間普遍稱「區報」。香港較少以「地方」來表述，多以「地區」（region）入文。

信

地

香港篇

在命運之下，磨練地區刊物的創造力

文字、攝影——蔡寶賢

▲居民與各界人士極力反抗利東街重建。
（圖片來源／ Mcy jerry via wikipedia，CC BY-SA 3.0 授權）

▲ 香港新界著名的圍村：上水圍。
（圖片來源／ Chong Fat via wikipedia，CC BY-SA 3.0 授權）

至2018年，曾按五大直選區分別出版「地區報」，每週發報，談及該區的新聞資訊，還附設各式消費及區內樓盤廣告。這些地區報在不少住宅樓地的保安櫃台免費派發，非常「入屋」（字面意思為「能進入百姓房屋」，意指大眾化）。

由下而上，撐出想像理想生活的空間

2005年，對香港地區刊物發展史而言，一件具有里程碑意義的大事發生了。

灣仔利東街（俗稱喜帖街）一帶的舊房屋業權

HONG

蔡寶賢
文本創作者、製作人、「臨時庫存」創辦人；著有《香城再造─民間可持續發展實踐紀錄》（2021）及《海浪裏的鹽：香港九十後世代訪談故事》（2019）。IG：kongtemp_archive

通

LO
PR

刊

▲ 蔡寶賢經營的「臨時庫存」圖書館收集並展示了香港各地的地區出版品。

被政府收回，推行市區重建計畫。這次大規模的重建，引發關心社會發展的各界人士與地方社福組織等，對舊區重建議題、區內居民權益寄予關注，並進一步追尋和思索原生社區的生活形態及價值。不少個人或組織開始嘗試策劃各類社區行動與計畫，不時有人出版刊物、記錄地方，以因應隨重建而來的社區肌理斷裂與瓦解。2008年起，新界東北發展計畫也惹起爭議，引發社會對城鄉共融或對立的關注，帶動香港人共同思考、建立心目中未來理想的生活。

無獨有偶，此時開始有香港慈善團體（如香港賽馬會）、政府及私人基金會主動策畫或資助不同地區的歷史、社群、工作種類和行業的記錄及出版計畫；又或是培育地區型媒體與報章出版，旨在保留地道文化的精神價值，促進社區共融。這些出版大部份具備一定的公眾參

▲ 雨傘運動期間，香港市民晚上於夏慤道遠東金融中心一帶舉起黃傘並聲援被捕者。（圖片來源／ Pasu Au Yeung via wikipedia，CC BY 2.0 授權）

信

與元素，包括做訪談、口述記憶和社區考察等等。2014年雨傘運動後，不同專業、藝文界人士藉著各項計畫，自社區層面倡議及帶動大眾由下而上參與城市發展。無論是自籌資金或接受資助做的地區出版，皆成為營造與參與社區的方法：既從人文角度豐富地方故事，也開展地方議政的空間。2019年，爆發反《逃犯條例》修訂草案運動，撩動起社會多年積累下來的矛盾衝突。有人以半職、義工或自媒體形式參與地區出版、記錄工作，期望從社區層面維持與支援公民社會的建立。而到了運動之後，言論空間受限，主流媒體光譜收窄和區議會失效，地區出版在某種程度上填補了地方資訊缺失或斷流的弊端。這些地區出版因長期面臨資金及人手不足的問題，往往難以穩定出版和自負盈虧，但至今仍有不少小型地區出版依然苦苦經營，在短絀資源下盡力報導地區資訊。

如今，香港社會的限制愈來愈多，而歷年來地區刊物許多都屬單次出版，即便近年開始出現有意持續出版的刊物，其穩定性也始終存疑。但依舊有不少具創意的地區、社群刊物與紀錄出現，出版樣式、種類及內容主題也愈趨多樣化與創新——在困迫中磨練出創造力的可能性，似乎是香港人的命運，或許，也正是我們能爆發出驚人力量的原因。

▲ 地區刊物《村梭茶果嶺：城中村的回憶備份》內頁。

《村梭茶果嶺：城中村的回憶備份》（BOOK 4）

清拆前的歷史文化記錄

關注地域	觀塘區茶果嶺
出版組織	長春社文化古蹟資源中心
發刊年月	2022 年 7 月
出刊頻率	單次
價格	免費派發

推薦原因——茶果嶺算是現存於香港市內、絕無僅有的寮屋村（臨時居所，通常是未經政府許可興建的簡陋房屋），歷史可追溯至清初，代表了一段礦石業的輝煌印記，但即將面臨清拆。本書是由香港賽馬會資助的社區文化遺產計劃下的附屬出版品，由一家非營利組織負責策畫與編寫。編寫角度以人為本，透過記錄一個個村民的口述故事、整理文獻資料，展現村落發展及其何以塑造他們的人生。策畫單位在過去十多年一直從事香港文化遺產記錄與推廣的工作，並出版多本書刊記錄。

《光榮結業》（BOOK 5）

舊區重建前的小店結業回顧

關注地域	九龍土瓜灣
出版組織	社區文化關注組
發刊年月	2020 年 3 月
出刊頻率	單次
價格	港幣 120 元（約台幣 500 元）

推薦原因——2014 年落戶舊區土瓜灣一間地鋪的「土家」生活館，是個由非營利組織及「維修香港－關懷社區服務隊」聯手營運的社區空間，多年來與附近街鋪成為鄰居，一起面臨重建拆樓的洗禮。拆樓前，「土家」走訪鄰近店鋪，記下店鋪運作的日常片段、店主性格與形態，反映出店鋪之間與區內人士生活互相扣連的狀態，突顯社區內平實卻又真摯的鄰里關係。從字裡行間，看到「土家」過去付出不少時間和心力經營與店家的關係，建立真實的信任與情感連結，共渡時艱，而不是單單只口裡說「要做社區營造」而已。

《南丫說：》（BOOK 6）

藝術登島與社區結合的創作

關注地域	南丫島南邊（離島）
出版組織	康樂及文化事務署
發刊年月	2021 年 12 月
出刊頻率	單次
價格	免費派發

推薦原因——2021 年舉辦的「南丫說：」公共藝術計畫附設了同名出版刊物，共分兩部份小書：《聽海與陸之聲》（主體書）及《南丫南，十二個島民如是說》（附設書）。主體書記錄藝術家登上南丫島的創作過程，也有他們在島上的觀察與回顧等；附設書收錄了 12 位生活在南丫島南面居民的口述故事，包含各人對這地方的記憶、生活方式、個人和家庭的成長，及至社區變化。這份出版物為少數詳細記錄香港公共藝術實踐過程的作品，可向公眾呈現當前流行的「社區藝術」及「公共藝術」出現形式、創作狀況及目的。

號外全文閱讀——

地——推薦！香港地區刊物書單——通

《油尖旺區風物志》（BOOK 1）

區議會出版的地方文史志

關注地域	九龍油麻地
出版組織	油尖旺區議會
發刊年月	1999 年初版 2006 年 2 月第四版
出刊頻率	單次
價格	免費派發

推薦原因——香港地區區議會不定期出版的地方志，主要記錄地方的歷史、文化、社區建築、宗教和民生狀況等。早年，油尖旺（油麻地、尖沙咀及旺角）區議會見區內舊建築漸被拆卸、改建，因此在 1997 年 4 月成立「風物志工作小組」，詳細記錄與介紹區內的歷史、古蹟文物、民間信仰及風俗等。這本風物志於 1999 年 5 月成稿出版，後經過多次再版，其間進行修訂及更新資料。特別推薦〈街道典故〉一章，闡述了區內多條蘊含豐富歷史及意義的街道名稱，不少以港英時代執政的官員命名，間接見證這區長久以來多元文化混集的一面。

《百潔報》（BOOK 2）

讓清潔工友的價值被關注

關注社群	清潔工友
出版組織	明愛勞動 友善社區計劃
發刊年月	2023 年 3 月
出刊頻率	不定期
價格	免費派發
發行期數	兩期

推薦原因——香港某大貨倉業主與營運商贊助，由一間社福機構出版的一份針對清潔工社群的刊物。香港社會一直有在關注基層勞工狀況及他們的需要，但針對相關工作種類的出版、報導及記錄則到近年來才愈來愈多。這份報刊用豐富的圖像，仿照漫畫形式介紹不同的清潔工作種類、分工及工友的特別技能。視覺設計上具趣味，而工人的工作情況、樣貌也清晰可見，具「讓工人被看見」的效果，反照現實中他們隱身市內、寂寂無名的窘況，以欣賞和讚美的目光看待他們的價值。

全文閱讀——百潔報 ❶、❷

《種植香港》（BOOK 3）

由農業而啟的社會思索

關注主題	香港農業
出版組織	種植香港
發刊年月	2017 至 2020 年
出刊頻率	不定期 （以四季為主題）
價格	港幣 68 元 （約台幣 280 元）
發行期數	四本

推薦原因——由一群關心本地農業及長遠發展的人士編著。其「種植」之意，不止於農業，也從文化、技術、政治及經濟層面思考這個城市的過去、現在與未來。官方簡介寫道：「我們每吃一條青菜，它是如何在農夫、大自然、中、英、港關係、新自由主義或其他大趨勢下抽枝開葉與凋零。新自由主義不是大自然的物事，它是人創造的東西，所以，種植香港也是關於香港人的故事，包括愛情愛物的故事。」本系列從農業出發，延伸出一條通往香港過去土地發展及變化的思考路徑，誘發思索與關切這城未來的發展狀況。

刊

若關注或涉獵地方媒體的主題，或許對「影山裕樹」這個名字不陌生，由他撰寫與編輯的相關書籍，在台灣接連被翻譯與出版，自影山筆下的描繪和介紹，足以一窺日本地方媒體、地方刊物的脈絡及實踐。這次透過遠端專訪，試圖探尋影山在著作出版之後的近期想法，更期待透過他的觀察看見地方媒體的未來指向。

(Q1)

能否簡單介紹出版

《進擊的日本地方刊物》（2018）、《重新編集地方》（2019）、《編輯的創新與創業》（2022）的背景與初衷呢？

我一直在出版業工作，在東日本大地震發生時，我對出版和大眾媒體有高達80%都集中在東京工作產生了疑問。我想，這樣都集中在東京真的好嗎？好吃的東西、有趣的人、地方的消息，變成都只能從東京的編輯部視角來介紹，但說穿了東京的人只能以遊客的身份看待地方，如此一來，地方就只能一直以「客體」的立場被呈現。更簡單的說，這就是一種刻板印象。

我認為，地方的事情應該由當地的人來傳達，而且說真的，地方媒體比東京製作的媒體有趣多了！因此，我在第一、二本書首先嘗試介紹了超越東京媒體製作邏輯的地方媒體，接著我開始對製作地方媒體的人，他們的「創造力」產生興趣，而不是媒體本身，這也就成為出版《編輯的創新與創業》的原因。

多元形式的地方刊物，提供有別於東京都心的視角。（攝影／林建宏）▲

蔡奕屏

地方系文化觀察者、台日地方創造性關係編輯者。2017 年渡日，目前短居日本福岡。著有介紹日本地方經典案例之書籍《地方設計》、《地方編輯》，散文集《地方○○○○》醞釀中。

AL
SS

信

從訊息編輯，走向關係編輯的時代

日本篇

文字整理——蔡奕屏　圖片提供——影山裕樹、蔡奕屏

（Q2）

台灣的地方出版物自 2010 年以來蓬勃發展，出版的目的從「追求地方認同」、「提出地方問題」，轉為「地方品牌營銷」的趨勢逐漸顯現。關於日本的地方出版物，您有什麼看法？

北海道道東地區的《.doto》，藉出版串連、打造道東共同體。▶

雖然我沒有完全理解日本和台灣出版產業之間的差異，但在我的印象中，台灣似乎對出版具有更強的熱情。老實說，在日本，傳統的出版產業模式逐漸失效，對書籍感到親近的人越來越少。因此，我認為我們不是把書看作「複寫之物」，而應該把書視為一個「物件」來省視它的價值並進一步提案，像是「書和溫泉（本と温泉）」計畫中，把書轉化為「土產」，使書籍成為促銷地方的工具，轉變為與單向傳播的傳統媒體不同的工具。

影山裕樹

1982 年出生於東京，畢業於早稻田大學第二文學系。以「編輯小鎮」為旨之出版社「千十一編輯室」代表。著有《進擊的日本地方刊物（ローカルメディアのつくりかた）》、編有《編輯的創新與創業（新世代エディターズファイル）》等著作。日本大正大學表現學系專任講師。

刊

（Q3）

在《重新編集地方》中提到「地方媒體沒有規則」，但對於能夠持續出版的地方媒體來說，是否存在共同的經營策略？

首先，地方媒體的主流領域已經從紙本媒體轉向網路。無論是紙本還是網路媒體，媒體本身幾乎無法盈利，我想這大家應該都已經體會到了。我認為，媒體不是盈利事業，而是一種為實現某種目的而使用的「工具」，地方媒體是「手段」，而不是「目的」。如果只是為了以「展現自我」為目的創辦地方媒體，無疑會失敗，應該要有更深層的「目的」，像是建立夥伴關係、創造新的地方形象，才需要創辦地方媒體。

對於想要創辦媒體的人來說，首先應該認知到「訊息」只是附帶的東西，重點是「社群」。我認為，未來的媒體應該是立基於社群的媒體，也就是說，首先要有社群，然後透過定期發布訊息來促進社群溝通。我自己經營的 EDIT LOCAL® 也是如此，透過社群會員的會費來經營。資訊媒體時代的盈利基礎是廣告，但社群媒體的盈利基礎是贊助和訂閱。

（Q5）

在《進擊的日本地方刊物》中，您將「當地居民 × 外部人士」作為獨立的第三章，想請問如何思考這兩者對地方媒體的影響？

地方的呈現，如果只從外部人士的角度來看是不行的，但如果只有地方居民的角度也是不行的。這兩種內外觀點的碰撞，可以產生對外部人

信

地

（Q4）

在《重新編集地方》裡，您多次強調地方媒體是連接不同群體和世代的媒體，具有最重要的意義。您認為地方刊物對一個地方來說，最重要的事情是什麼？

（圖片提供／行人文化實驗室）

目前，日本各種媒體的分眾導致社群斷裂與平行時空；地方上的長輩只看電視和報紙，但城市的年輕人只看社群媒體，想當然他們無法互相理解。因此，若要連結這兩端的人，不管是報紙或電視這種傳統媒體人，或是只精通社群媒體的媒體人，都無法只靠自己做到。我認為需要的是能夠跨越不同媒體，真實地連接人與人之間信任的人，這樣的人在未來將變得越來越重要，而我稱他們為「地方編輯者」。

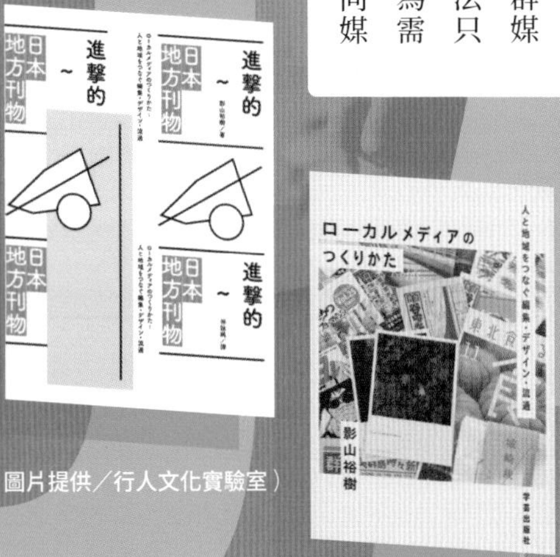

（圖片提供／行人文化實驗室）

和內部人來說都新鮮的地方形象，而這就是地方媒體得以孕育出新可能性的關鍵。

要以東京為中心的大眾媒體進行這種「雙重視角」的工作非常困難，因為他們只是坐在辦公桌前進行網路搜尋，就算進行採訪，也只是把「你們這個地方就是這樣對吧」的刻板印象強加給受訪者。我想，當今的媒體是需要促進不同角色的相互理解，而這樣的能力也是媒體在這個時代被期待的。

通

《編輯的創新與創業》一書，是為了呈現日本以外，有著「延伸編輯」性質的事業越來越多，因此介紹了台灣和韓國的團隊。我確信，今後東亞與東南亞地區，會有越來越多在「地方」呈現創意的人；同時，我也相信會有更多來自台灣和韓國的採訪邀約。

在台灣，可能是台北以外的地方；在韓國，大概是首爾以外的地方，大家對這些「地方」創意詮釋的興趣正在高漲，對吧？我想這是因為台灣和韓國都已經建立起成熟的中央

（Q6）

製作《編輯的創新與創業》過程中，是否有觀察到亞洲國家的各自特點？

（圖片提供／遠流出版）

（Q8）

對於未來的日本地方刊物和媒體，您認為會如何發展變化？

資訊媒體的強大時代已經結束了。因為資訊媒體無法觸動很多人的內心，此外人們也不再只關注同一類型的媒體。因此，未來將由「資訊媒體的時代」轉變為「關係編輯的時代」。我們需要那些對他人充滿好奇心，並能夠建立起不同立場之間聯繫的人。

當今的日本存在著各種不同立場的結構，像是外國人社區和日本人社區、身體健全者和身障人士、老年人和年輕人、上層階級和下層階級，令人無奈的是，正是大眾媒體和社群媒體正加劇著這些不同立場的隔閡！

因此，我認為不是透過媒體，而是透過現實生活中能將人們聯繫在一起的人，若這樣的人逐漸增加，就有機會打破這個分裂時代的僵局。

政府體系，因而有餘裕開始思考地方。其他亞洲國家，在歷經急速的經濟成長、開始有多餘資本，並在國家體制逐漸穩定下來之後，就會更加關注地方。

日本因為失落的20年（1990年泡沫經濟崩壞之後，經濟成長低迷的20年），處於從先進國家跌落邊緣的地位，但也因此面臨中央集權社會的極限，因而較早開始試著從「地方」找新的出路。身為「問題先進國」的日本，有許多官方或民間的有趣地方行動，我想這些能夠成為亞洲夥伴們有力的參考。

（Q7）

對於影山先生來說，如何看待「地方」和「編輯」之間的關聯？

我想，地方媒體和傳統媒體的能力展現是非常不一樣的。

編輯所需要的重要能力是什麼呢？我想其中之一，是「對各式各樣的事物充滿好奇心」。以前，出版品的角色是將專家的複雜話語，翻譯成大眾可以理解的語言，因此，會需要對各種專業領域的內容感到興趣，並有著全方位的好奇心。

另一種能力是「無黨派」。由於處於中立立場，既不支持反核，也不支持核能，因此可以邀請兩方來進行對談。如果編輯是偏向其中一方的，那麼這種對談就只會淪為說教，不用讀也知道結論，沒有閱讀的必要，這樣的雜誌也賣不出去。

簡而言之，地方編輯者的重點，不是要在網路上創造什麼話題、也不是要賣書，重要的是對不同立場的人充滿好奇心，且不依賴於特定立場，並試著建立兩者之間的連結，這樣的編輯我稱為「從訊息的編輯走向關係的編輯」，而這樣的人我稱為「關係編輯者」。

002

ography

—— 1 回來的練習

—— 2 圍觀一個人類學家

攝影

phot

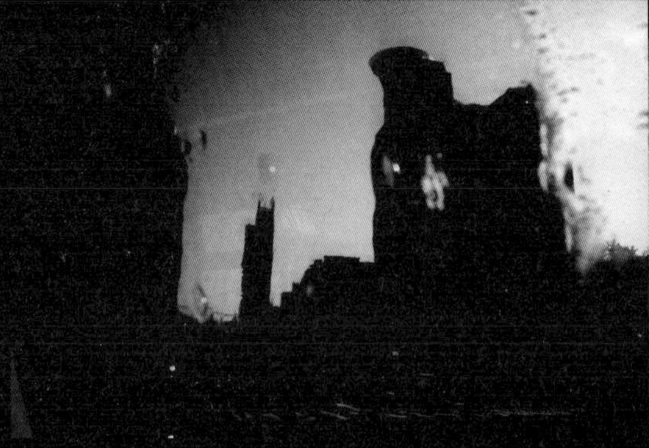

回來的練習

今天下午1點多迅速地下起午後雷陣雨，天空的烏雲等不及佈滿就下落成雨，大量的雨水轟隆隆從天而降，連下了四小時。夏天的午後是這個樣子的，除了悶熱，還有濕，濕之後是涼，這樣的體感交疊著7月。

我是7月生的孩子，不怕熱，倒是怕冷怕得要命，以及怕陰雨綿綿的日子。台北的雨絲很細，會穿過心底織成一片陰鬱……所幸還有夏天是大晴大熱大雨大風大雷大淹水，坦率的很。

陳惠萍

1980年生，返鄉中年，一直都是紀錄片工作者。出門時我會揣著相機，試著用照片說一個單字、一句話、一個念頭。喜歡藍色，就讓藍色值得喜歡；喜歡寂寞，就讓寂寞滿溢；喜歡背影，背影總是感覺得到駝著的人生重量。

能看見坦率的我其實是最不坦率的人，很難跟誰說我最近很不好，年紀有了，再去煩誰都覺得不適當，自己也沒有想被安慰些什麼。

我假裝做著每天該做的事，完成該完成的事情，該跑的步也沒有少，人是瘦了，精實點了，剪完頭髮，看看自己現在的樣子是開心的，但心裡的某個東西卻枯萎了，只能懷著希望說這是一時的。

又下雨了，下雨的時候特別沒有抵抗力。待在南部18年的晴朗日子總可以瞬間被雨驅逐，彷彿我的骨子裡是雨做的，內在的雨與外面的雨互通有無，穿過我的存在。

耳機裡播到鄭興《告別的練習》，我在公車上一路反覆播放，其實無法真的告別什麼，只有練習練習再練習：「台北，我回來了」。

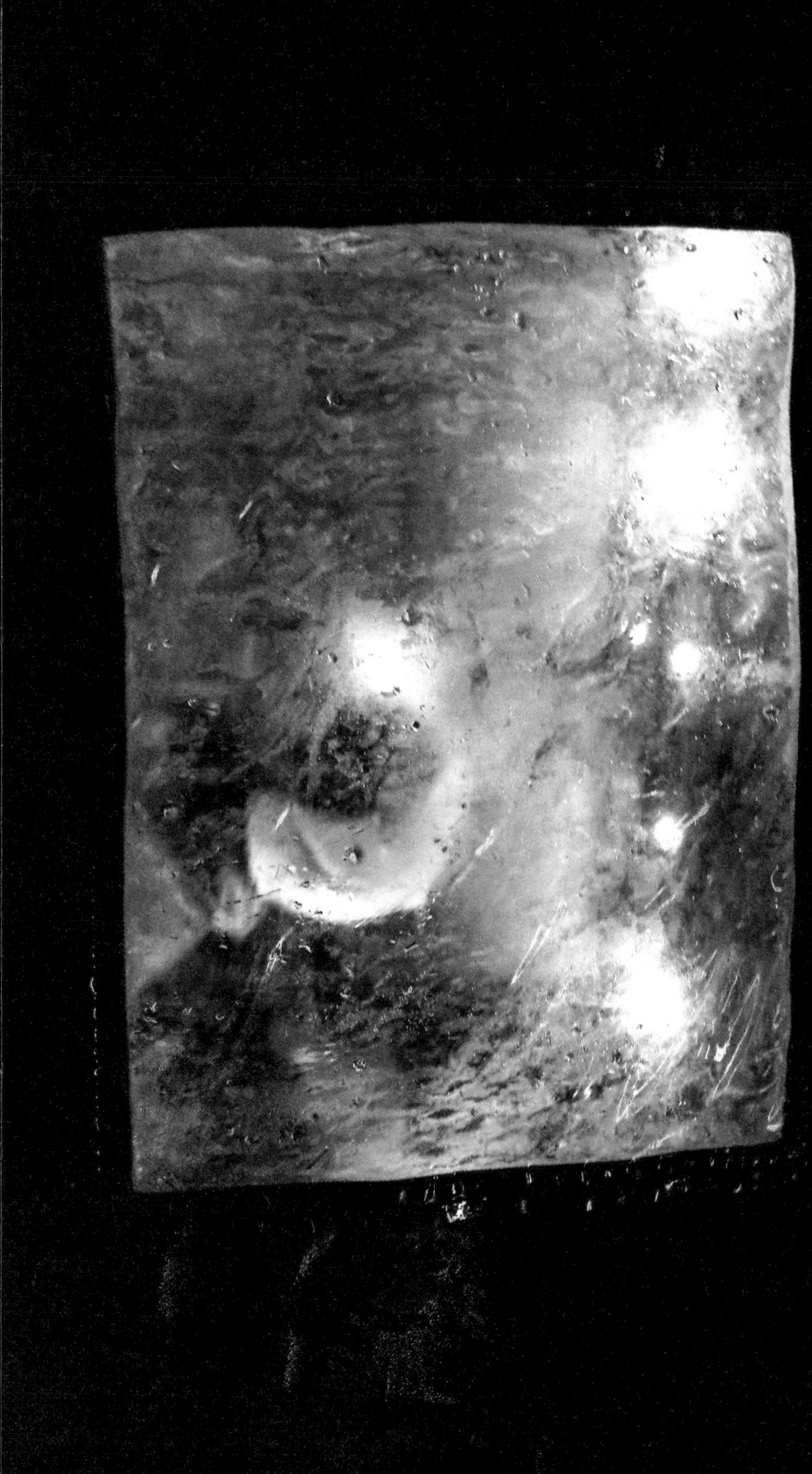

在秀姑巒溪畔對阿美族進行訪談調查的鳥居龍藏。

圖源 ●「鳥居龍蔵写真資料研究会 · 東京大学総合研究博物館」
網站 ● torii.akazawa-project.jp/cms/photo_archive/ami.html（圖片編號 7100）

圍觀一個人類學家

照片中有四個人，中間一位人類學家，穿著西裝外套和背心的正式衣著，還綁著領巾，他在長褲外打上綁腿。他席地而坐，正低頭而全神貫注地寫著筆記，周圍圍繞著三個原住民，身穿傳統服飾：開襟上衣與圍裙般的下身，頭上圍著髮帶，耳上也配戴著搶眼的白色海貝耳環。三個人的表情看起來同樣專注，看著人類學家手上的筆記。沒有人看著鏡頭。

這跟我們印象中的人類學照片不大一樣，大部分的人類學照片，都是聚焦在被調查對象的面相、衣飾、器物、住屋等。雖然有時也會出現研究者本人入鏡的照片，但有時看來像是到此一遊，有時像是負責擔當比例尺、對比屋子或物件的大小。

這張照片很微妙，好像把人類學家跟原住民一網打盡了。它呈現了一個正被原住民包圍、觀看的人類學家。這使我們可以同時細查兩方的衣著對比，也彷彿可窺見所謂異文化相接觸的最初場景。表面上看起來像是中性客觀的紀錄，也像紀念照。可是細想卻不然。

陳佳琦

藝評人及影像研究者。國立成功大學台灣文學所博士。研究興趣為攝影史、紀錄片、台灣文學與視覺文化。著有《臺灣攝影家——黃伯驥》（2017）、《許淵富》（2020）等書，發表過多篇攝影研究論述。

拍攝下世界最初的人類學影像

照片中的人類學家是鳥居龍藏（1870～1953），重要的日本人類學者，而三位原住民是台灣阿美族人，無名。那一年鳥居26歲，在日本統治台灣的次年第一次來到台灣。

出航之前，鳥居興奮期待。在給《德島日日新聞》的通訊中寫著：「我希望國人，尤其是故鄉四國島的各位親友，趕快找機會搭船到這個高砂島看看。」還說：「有志於研究台灣的人士，根本不怕土匪。」、「做為一個男子漢，在日本列島以外有這麼大的舞台活躍。假使侷促於區區一鄉里，沒有發展自己的抱負而虛度青春的時光，我倒要為我故鄉阿波國（德島）悲嘆！」

關於鳥居龍藏的故事，帶有一絲傳奇，也常被轉述。鳥居9歲即因厭惡學校而在家自學，從小閱讀諸多考古學著作而對人類學感到興趣，16歲那年參加了同年創立的東京人類學會，開始與日本人類學創始者坪井正五郎通信，後來坪井主持東京大學人類學教室，於1893年找鳥居到東京幫忙整理標本。沒多久，甲午戰爭開戰，接著清朝戰敗，日本接收台灣。

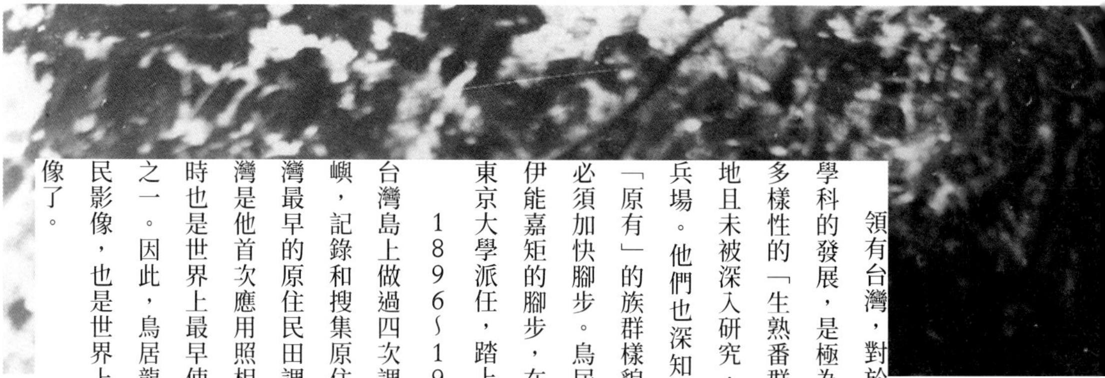

領有台灣，對於日本人類學這門新興學科的發展，是極為雀躍之事。因為台灣多樣性的「生熟番群」，是一塊全新的領地且未被深入研究，可以說是學科最佳練兵場。他們也深知日本的統治必然破壞「原有」的族群樣貌，因此，事不宜遲，必須加快腳步。鳥居龍藏很快地繼先驅者伊能嘉矩的腳步，在日本領有的次年接受東京大學派任，踏上台灣。

1896～1900這幾年，鳥居來台灣島上做過四次調查。他深入高山和蘭嶼，記錄和搜集原住民的數據，奠定了台灣最早的原住民田調紀錄。特別的是，台灣是他首次應用照相技術的地方，而他同時也是世界上最早使用攝影術的人類學家之一。因此，鳥居龍藏所拍攝的台灣原住民影像，也是世界上最初的一批人類學影像了。

預見攝影術與人類學的靠近

雖然鳥居終生最大的成就是東北亞大陸的調查，但是他留在日本東京大學的1800多張玻璃乾板底片中，就有800多張台灣的原住民影像。

在當時，要拍攝一張照片，並不太容易。即使已經出現了明膠乾板技術，以及可攜帶式的照相機，但仍是頗沉重的設備。一張玻璃乾版等於一張底片，19世紀末開始出產可以裝有12張玻璃版的相機，或是折疊用的旅行相機，戶外感光時間也比起攝影發明初期縮短至1/4秒，但是每趟出行都要攜帶一定數量的玻璃版，以及每張拍完的玻璃版要小心置入密封箱中保存，不是一件容易的事。

鳥居曾在自傳提及：「台灣之行已經準備就緒，這時候我遇到一個難題，那就是有關攝影的事。當時人類學者、考古學者當中，沒有人會攝影，但都很會素描，以素描代替攝影。我既然要到台灣調查原住民，光靠素描是不夠的，無論如何都要用照相機。於是我請大學當局給我買一架，用速成的方式學習製作，雖然還不夠熟練，還是帶了那一架照相機到台灣。我是第一個把照相機應用到人類學調查的人。在此之前，無論是人類學者或其他學科的學者需要拍照時，都是叫照相館的人來拍。」

這裡顯見鳥居的一個最大特點：他不僅早早預見攝影術與人類學的靠近，而且先跑了一步，成為他的競爭優勢。在其他人類學者還沒想到要帶照相機時，克服難題準備了，可以說鳥居很早就具備攝影意識，或是也對照相術深感興趣，如同那時代的明治菁英們。

潛藏於構圖中的視覺政治

再回到這張照片，他在1896年第一次入台，從基隆港上岸之後，再搭船到花蓮港，在考察阿美族部落時於秀姑巒溪留下這張合照。鳥居在景框內中，顯見掌鏡者另有其人，可能是日本助手，可能是本地嚮導。畫面中呈現了和平的氣氛，左邊的男子甚至還幫忙拿著鳥居的草帽，說不定他們也是幫手。不知道他們是否看懂鳥居寫了什麼？其實鳥居曾在回憶錄提到，蘭嶼的原住民喜歡看他帶去的人類學書籍插圖，看到與自己類似的土人插畫，會興奮地邊看邊叫。

這張照片一開始使人興味盎然。因為觀看者是原住民，而假如說觀看是一種權力，這權力一直掌握在人類學家手裡。照片看起來好似翻轉或顛倒了這個權力關係，讓人類學家「被圍觀」。這樣的被圍觀，說出了隱藏的視覺政治，與充滿想像的文明／野蠻之初相遇。除此之外，這張照片也透露了人類學者從原本只是運用文字和繪畫做筆記的時代，進入了照相機成為利器的時代。

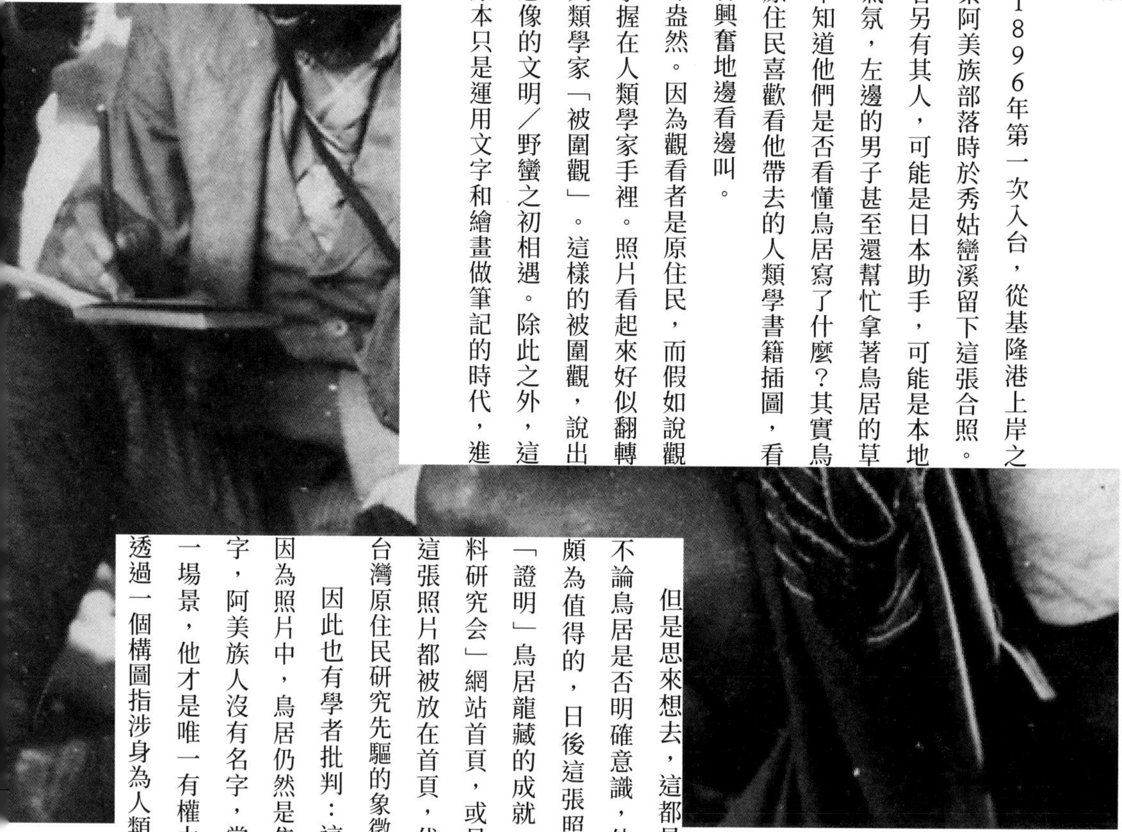

但是思來想去，這都是一張明顯的擺拍照片。不論鳥居是否明確意識，他為自己留下這張照片是頗為值得的，日後這張照片經常用於「紀念」或「證明」鳥居龍藏的成就，比如「鳥居龍藏寫真資料研究会」網站首頁，或是鳥居龍藏特展圖錄中，這張照片都被放在首頁，代表了一種鳥居龍藏作為台灣原住民研究先驅的象徵意義。

因此也有學者批判：這張照片飽含諷刺意味。因為照片中，鳥居仍然是焦點與主角，只有他有名字，阿美族人沒有名字，掌鏡者沒有名字，回到此一場景，他才是唯一有權力去進行自我形塑的人：透過一個構圖指涉身為人類學家的自我與故事。

圖像背後的攝影者意識

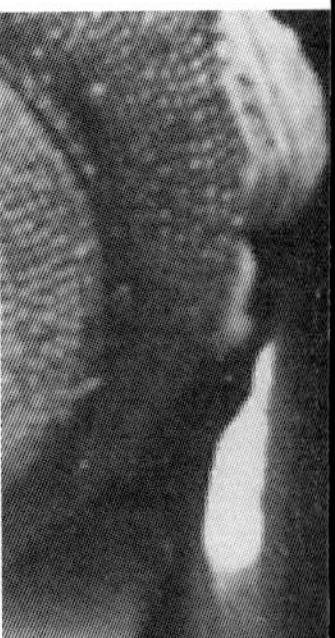

這麼一來，這張照片也不只是單純地，好像在訴說著鳥居龍藏與原住民之間的和平共處，或者他看原住民的同時也被原住民圍觀著、如此單純的「權力翻轉」而已。事實上，人類學的照片永遠與權力關係緊緊糾纏，如今我們都可以理解，即使是一張盛裝酋長、看似讚頌原住民的高貴野蠻人式肖像，或是一張單純的科學調查圖像背後，也總是暗示著一個攝影者的存在。這個攝影者決定了鏡頭下所意欲呈現的角度、場景和物件，這些視覺要素成為日後定義原住民知識的重要部分。

然而，照片圖像並不是單一層次的，當年的拍攝脈絡、日後挪用與解讀，可能帶來不同的結果。當這張照片在經歷百年之後，進入現代的視野，我們可能因為時空背景不同而看進了更深的一層，一如上述的批判。作家孫大川曾經說出這樣的話，通過像是鳥居龍藏的紀錄，可以拼湊自己簡陋的族群史，但隨之也發現他們所搭建的知識其實也伴隨著大量「想像」與「建構」、還有何以自身民族記憶要被納入這樣的分類系統才能存在的矛盾心情。

這張照片說出了一段隱身時代之後的、攝影扮演人類學分類系統的推手的故事。早期人類學家用攝影的科技便利補充了語言的不足，充分信任其真實性，因此也有很多人類學家如同鳥居，漸漸習於暴露自己在被記錄的現實中。日後當人們對攝影的中立性益感懷疑之際，攝影反倒像是背叛了人類學的企圖，尤其是一張圍觀人類學家的照片。那些照亮黑暗的光明、野蠻與文明的相遇故事，似乎還有更多層次的解讀。

參考資料

● Ka F. Wong，〈Visual Methods in Early Japanese Anthropology: Torii Ryuzo in Taiwan〉，《Photography, anthropology, and history: expanding the frame》 edited by Christopher Morton and Elizabeth Edwards.（Surrey: Ashgate Publishing Limited, 2009）, pp. 171-192.

●鳥居龍藏原著，楊南郡譯註，《探險台灣：鳥居龍藏的台灣人類學之旅》（台北：遠流，2012）

●宋文薰等著，《跨越世紀的影像：鳥居龍藏眼中的台灣原住民》（台北：順益博物館，1994）

●陳偉智，《伊能嘉矩：台灣歷史民族誌的展開》（台北：台灣大學出版中心，2014）

●孫大川，〈面對人類學家的心情——「鳥居龍藏特展」罪言〉，《山海文化》雙月刊 6 期（1994.09），頁 63-66

003

place

—— 1　浪裡微～吐潮

—— 2　大笨蛋生活法則

觀察 & 交往

無法閱讀的空氣：用盡力氣，才能感知的地方生活

文字——施佩吟、圖片提供——西尾半島

「在城市裡，人們像是一個小螺絲釘，每個人投入的工作都是片段的；而在地方，雖然沒有城市便利，我卻能感受自己是一個完整的人。」在地方工作，不像在大城市那樣自在，因為這裡的人們「沒有誰不認識誰的」，也因如此，地方上許多難以閱讀的空氣，生活在地方顯得如此不容易。

自助再自助的肉搏戰

在地方生活，首先需要承受現實世界竟然如此的近。

一早上菜市場，在少少的水果攤位之間，想要比價找划算會被攤位婆婆嗤之以鼻，走到大一點的菜販攤子想問今後持續採買可否給個業務批發價，遭到質問：「你是哪間餐廳？買那麼少。」摸摸鼻子繞進一旁陰暗的巷子內，才發現市場外頭是給觀光客和居民逛的，不起眼的小店鋪，看似雜亂無序，才是批

發給軍人、店家用的菜攤。「以後要什麼蔬菜可以先打電話來訂，幫你們留！」一張張名片、一支支電話、一個個面孔，在被揮趕和吆喝聲之間，總算開始搞清楚一座市場的內外關係，辨識起習慣說話大聲和生氣之間的殊異。也在幾次「免費試吃攤」的大肆採買下，累積一定的「經驗門票」，後來結交了在地友人，才有管道理解食材來源究竟在地或是「民間進口」。

地方是現實世界的載體，在真實的人際交往之間，名片、名牌、名氣等不切實際的東西通常派不上什麼用場，往往有用的東西就是「刷臉」。上特產店想買罐便宜一點業務用的高粱酒要帶人去「刷臉」、過了晚上七點想滑壘進小吃店喝碗湯麵要「刷臉」，更不用說那些無比珍貴的情報，諸如「飛機飛不飛」、「船班開不開」、「牛奶哪裡還買得到」、「水電師傅可以快一點來嗎」。

施佩吟

啟蒙於災後社區總體營造，畢業於台大建築與城鄉研究所，追求在地創新的行動者。專注在行動中發展可以與人們共同解決問題的未來之路。2020 年起，持續往返離島和本島，嘗試發展另一種地域實踐方式。

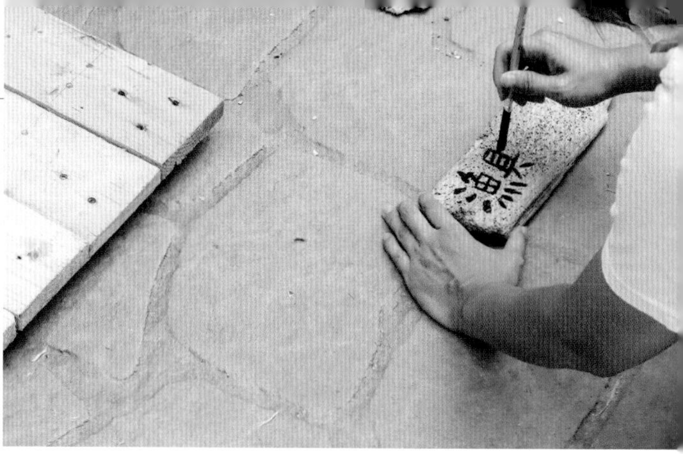

馬祖因為氣候條件特殊、交通不便、人口稀少等，人們逐漸演進出一種「自助再自助」的模式，過往那些在都會區的遠端遙控、靠名氣打天下、客戶至上的邏輯，在越是偏遠的地方，呈現對比式的無用效果。這種「自助、再自助」的模式，進到日常生活中，就是肉搏戰，就是養成一切都先自己想辦法、什麼都要會（一點）的生存哲學。

學習閱讀空氣中的訊息

講求務實的功夫，不外乎除了平日認真做事讓地方人士「看在眼裡」外，還要學習「閱讀空氣」。尤其是外地人，到了新地方就產生好奇心，什麼都喜歡「用問的」。

「大哥，早安！你在做什麼呀？」（現場：大哥不回應，手裡在拉繩索，把船拉進來。）吃了幾次閉門羹後，漸漸察覺有些問題的答案，已經呈現在現場，或是當下在忙碌，無法跟不忙碌的人「抬槓」，前者在求生存，後者多半處於休閒狀態。再者，回答問題與否並非隻字片語就可以說明，背後涉及到生存技術與自然環境互動的整體知識範疇。風浪大時，要判斷是否把船拉進來，若預測下午風浪可能會更大，那就要把船拉上岸。因此，當下漁民大哥看似正在做「拉繩索」的動作，他同時也正在感知風浪與船的關係，動用過往相同情況或類似經驗作為判斷的基準，以及思索究竟要將船拉進來多少才足以保全船身。

大哥「不回應」的當下，一般人多會覺得空氣好像凝結、僵滯，甚至有

點尷尬，有人會覺得對方「不禮貌」。然而，達到溝通的方法，往往在越重視現場的地方環境中，越是仰賴身體的感知力、默會的觀察力，而非表達力或提問力。進到了現場，需動用身體五感去感知當下發生的人事時地物，訊息藏在空氣裡，學習理解閱讀空氣，「不回應也是一種回應」。

不論是生存拚業績，或是生活攢人情，在地方，總得用盡力氣，才能感知空氣中的訊息。沒有了一天八小時的上下班工作節奏，不只是吃飯、喝水，更多的力氣要拿來感受現場。在旅遊旺季時人人拚效率，抓緊時間一團接一團，倘若怠慢錯失了接駁的交通，那可是賠不起的。春末到秋末，也是地方養殖產業的旺季，掛養於外海的海鮮，總得抓緊潮汐海浪起伏之間，下海一趟換得平安歸來。地方產業是一個相依循環的工作生態鏈，人與自然環境、雲霧氣候、海汐浪況也是緊緊相依，每一個在地方求生活的從業者，都是在用盡全身力氣，去感知與大自然共存的生活模式。

空氣中充滿著人在自然環境拚搏的訊息，人際網絡交往運行著人工刷臉的系統，現實世界的關係是面對面的、重視現場的，如此近的關係距離，考驗著人們務實的能力。在地方生存，不僅需用上全身力氣，自助再自助，也因為有了地方生活，我們因此逐漸成為一個完整的人。

大籠罩生活法則

Vol. 11

帆船、音樂、稻米與冰淇淋

文字、攝影——高耀威

兩年前，長濱開了一間義式冰淇淋店，在南竹湖部落的入口轉彎處。迷你的小房子，旁邊有一片小小花園，老闆叫陳冠宇，是一位音樂人。那時，全台仍壟罩在新冠肺炎的疫情恐懼之中。冰淇淋店開幕前兩個月，我正著手出版一本關於疫情生活的書，以全台獨立書店老闆為主，談如何順應疫情壓迫而產生的生活轉變，也邀了幾位不同領域的工作者撰稿，冠宇是其中之一。他文章的開頭這樣寫——「我決定創業。如果要創業，就要找一個能夠看到顧客開心笑臉的行業來做。『我要做冰淇淋』，我任性地，就這麼決定了。」慢慢與冠宇相熟後，才發現，他任性而為的事，還真不少。

（攝影／Over）

高耀威

在長濱經營書店「書粥」、淺居空間「長所」及「麵包宿」，並成立一人出版社「書粥工作室」，獨立發行第一本書《疫情釀的酒》。曾在台南組織「正興幫」，創辦街刊《正興聞》。個人著作有《不正常人生超展開》。正在持續探究另一種活下去的方法。

Fool, dumb, and that's OK.

航行於現代海面的傳說

有一天，我在城子埔的祕密基地除草，接到冠宇的電話，問我有沒有空去幫他。那時候冰淇淋店漸漸上軌道，疫情的迷霧已逐漸散去，他配置好顧店之外的規律時間，向三間屋在地藝術家拉飛．邵馬借用了巨大工作室的角落，獨自投入造船。我抵達時，看到一艘好美的船，冠宇在旁認真的鋸木條。可搭載雙人的船身將近六米，又長又細的木條，需要人扶著，我就是去幫忙扶著。

這艘船他兩年半前就想做，買好並裁切好材料，囤放到現在。當時一面種田（嗯，這也是他的任性），一面配合太太（以莉．高露）的演出而忙碌。種田要順從天的安排，演出則是等待不定時的邀約，直到開冰淇淋店把時間固定下來，生活產生規律，造船的計畫總算得以再度啟動。

幾次幫忙（扶木條、上漆、調膠）下來，過程中會聽冠宇吐露片段的資訊，「這是源自夏威夷傳統的船型」、「台灣還沒有人在做」、「我是看Youtube和國外的書學的」……我實在忍不住跟他說：「冠宇，我需要知道你造船的理由！」當時的我，內心可能已經萌生想深度參與的念頭，需要明確的起點。或許他也覺得時候到了，船即將完

成，該好好把原委整理出脈絡，於是我們定了國慶連假最後一晚，在我長濱的租屋處號召一群居住或游牧在此、對造船有興趣的人，一起聽冠宇道來始末。

「約七千年前，有一群台灣住民，基於某種不確定的原因，從長濱出航，以無動力帆船作為航機，最後落腳至夏威夷。1947年時，挪威人想證明這段航行僅是古代南美洲人類隨波逐流的漂蕩，運氣好才漂到太平洋的小島，也就是現在的玻里尼西亞地區。於是自製漂流木平台，101天後，從秘魯隨洋流漂至法屬玻里尼西亞，完成他的驗證。

1976年時，夏威夷組織船隊，打造一艘波里尼西亞傳說中的無動力帆船Hōkūle'a號。招募船員，由傳奇領航員Mau帶隊，不使用任何導航儀器，成功從夏威夷航行至大溪地，完成將近四千公里的旅程（夏威夷人祖先留下他們是從大溪地航海而來的傳說），推翻挪威人的『漂流』假說。2026年，這艘船要從夏威夷出發，將會來台灣。」

一群人，夜裡聚在一起，聽這場極為精彩動人的簡報。那是冠宇多年來，透過多種管道爬梳彙整的資料。

簡報結尾，冠宇說，Hōkūle'a要來，我們總不能在岸上迎接吧！於是，長濱船團成立。接著，我們陸續組隊，前往台東活水湖帆船學校，學習駕駛Laser帆船。於此同時，原本造船的所在屋主有意收回，我們很快尋覓到新的場地，並招募到創建基金。書粥、地方大哥、游牧的畫家、民宿主人及一位外地的公司老闆，不求回報的無條件入股。資金到位後，船團夥伴立即搭建組合屋，不到三個月時間，即將完成的第一艘船順利移入新船塢。接下來，預計於2026年前陸續打造十艘船，及培育至少20個船員。

被生命遞延而來的行動

這個行動完全源於冠宇的念頭，參與的人（包含他）沒有人是專業人士。那天晚上在書店採訪冠宇時，我很好奇「這樣的陳冠宇，是怎麼養成的」。他說：「我幾乎所有的這些選擇都是沒有

什麼道理的」。種田也是這樣，一個念頭一處風景，就投入了。二十幾年前他去台東演講，被歌手巴奈帶去池上，當時金城武樹還是一棵沒有名號的路樹，伯朗大道上沒有咖啡香也沒有協力車。一整片沒有雜質與雜念的稻田，吸引他到萬安跟著赤腳米王蕭煥通學習種稻。

三年後，因為「想自己管理一塊田」，遷徙到太太於鳳林的娘家，獨立耕作一塊三分地。然後又移居至南澳，與一群做傻事的熱血耕作者混在一起五年。為了女兒的教育，再移居到長濱，就近參與港口部落的共學團。同時於竹湖持續耕作，農田面積擴大，達到一甲二。直到兩年半前，有了創業的念頭，「因為女兒喜歡吃冰」而開冰淇淋店。造船的事，則是因為十幾年前，看到國家地理頻道關於南島文化起源的紀錄片，溯源的念頭慢慢在腦中養成。一晃眼驚覺時間流逝，與太太有了共識「如果我們不做任何事，這事就永遠不會開始！」，就先從造一艘船開始。

錄音、種田與製冰，都是藝術與技術的結合。再加上如今投入的造船與駕船，都是手作的事，都是用「我」來創造。這段自我啟發的生命歷程，回頭看才發現是像他的父親，本業是體育老師，自己學習做麵包、刻印章，甚至自己裝潢房子。這段造船行動，或許不僅是從「我」開始，是以「生命培育生命」的方式，一代一代一個一個「我」，以隱微確切的方式遞延著。從七千年前，還是更遙遠的地方開始。

今年3月底，冠宇自製的第一艘夏威夷式南島支架舟，第一次下水試航，我很榮幸擔任副手。順利從長濱漁港出海的那一刻，我回頭跟他說：「你一定超興奮的吧！」他看向前方、淡定地說：「我本來就知道她可以（航行）！」四月，船順利架起帆，以完整的模樣於活水湖試航後，由夏威夷國寶級大師Kimokeo Kapahulehua將她命名為Hele Me Ka makani，有馭風而行之意。我們取其中的makani（夏威夷語「風」的意思），轉化中文名為「瑪卡妮」。經過接連的出海練習及點對點的遠航，張著紅帆前進的瑪卡妮，已慢慢成為長濱海域的日常風景。

Fool, dumb, and that's OK.

004

1 如果你是人就好了

2 野書簡

物件&遇見

Meet

Vol.
1

掃地機器人

（插畫／奇亞子）

黃書緯

都市社會學者。喜歡喝酒，時常跑步，覺得閱讀推理小說的樂趣多於學術論文。會幫家裡電器取名字，三不五時跟他們說話，因此這裡寫的都是我跟他們之間的互動。當然，還會多那麼一步，談談互動背後的社會設計。

小時候常聽大人說「黎明即起，灑掃庭院」，長大後才發現這是件很難做到的事。畢竟工作太累，回家太晚，難得有空閒時間追劇都來不及，何況是打掃家裡。於是乎，越來越多人買了掃地機器人（robot vacuum）來分擔打掃家務，一用之下，家庭和樂。科技果然始終來自於人（的惰）性。

設計學者Donald Norman在《設計心理學》一書中說，設計應該以人為本（human-centered），回應使用者的真實需求。這話聽來懇切，但「人」畢竟是個複雜的存在，「需求」又這麼變化無常，若設計師提供的是對真實問題的解決方案，怎樣的切入點可以對症下藥？對此，Norman認為，人本設計是關於「活動」（activity）的設計，工作是種活動，追劇是種活動，這活動構成了人與人、人與世界之間的互動。當然，每一種活動都有其想要達成的更高「目的」（goal），好比說工作是為了成就自我，追劇是為了掌握脈動。只是，人若要藉著活動來達成目的，就必須解開一個個瑣碎的「任務」（task），以追劇為例，你得打開螢幕、選擇頻道、點選節目、調整音量，還有許多微小的細節，才能讓追劇這個活動得以完成，掌握脈動這目的得以圓滿。Norman因此指出，當設計以活動為中心時，設計師不但需要了解使用者的能力需求，更需要認識到使用者的能力限制，免得他在某個任務環節卡住，活動就無法完成，設計也有所缺憾。

同樣的，一個人若要完成掃地這活動，得完成一連串的任務。首先，挑選一把稱手的掃把，前端的掃帚還要間疏合宜，搭配的畚箕需要貼近地面，但底部又有微妙角度。然後，掃帚貼近地面，雙手握緊掃把，劃分區域，向中間掃，集中灰塵，再把畚箕稍微前傾，接住灰塵。偶爾，遇到擋路的桌椅，還得騰出手來挪動，才能繼續掃地。因此，設計一台掃地機器人的重點就在於模擬人類掃地這件事。

世界上第一台掃地機是1996年由瑞典家電廠商伊萊克斯（Electrolux）所製造的「三葉蟲」掃地機器人，但遲至2001年才正式量產。這台高度13公分的掃地機器人內部其實是一個吸塵器，下方裝著一個可拆卸的滾筒刷，能夠透過使用超聲波感測器繪製房間地圖並避開障礙物，使用者可以藉黏貼

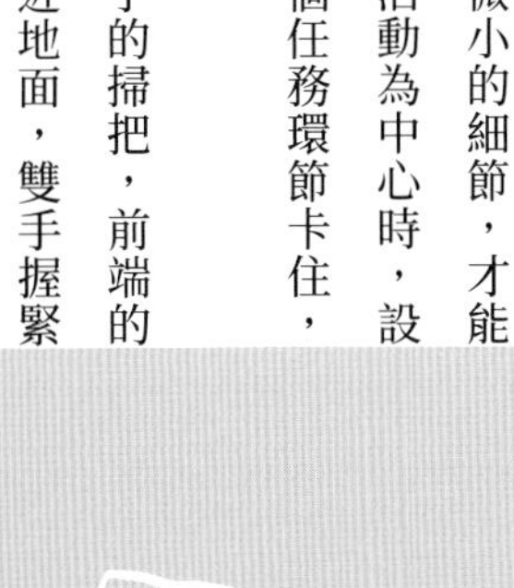

磁條的方式避免三葉蟲從樓梯上方掉落或卡在櫃子下方。

當然，造價昂貴的三葉蟲從未實際進入消費者的日常生活，是美國iRobot公司在２００２年推出的Roomba真正的讓掃地機器人成為一般大眾的家庭成員。Roomba與之前三葉蟲在吸塵方式上最大差別，是在邊刷與吸塵口之間增加了一個V型滾刷，目的是經過滾刷高速旋轉能夠掃起被靜電吸附在空中的灰塵，這種「邊刷、滾刷、吸塵口」的三段式結構已成為掃地機器人的基本設計。

不過，三段式結構固然能大幅提高掃地機器人的「清潔率」，但更關鍵的是「覆蓋率」，也就是掃地機器人的打掃面積。這當中的兩難在於：如何讓機器人不被屋內家具阻礙而有效率地完成清潔，又能在繞過障礙物後覆蓋最大面積？由演算法與導航技術所架構而成的機器人「路徑規劃技術」因此重要。

早年主流的導航技術是「隨機碰撞式」，機器人根據一定的移動演算法，如三角形、五邊形軌跡覆蓋作業區，如果遇到障礙，則執行對應的轉向函數。這是一種以時間換空間的低成本策略，如不計時間可以達到１００% 覆蓋率，唯一能阻止機器人的就是電池續航力，與受不了工作噪音的使用者。

近年來，隨著「視覺同時定位與地圖建構」（Visual Simultaneous Localization and Mapping，ＶＳＬＭ）的技術突破，工程師得以在掃地機器人身上安裝一個鏡頭，根據三角測距的原理，鏡頭通過分析兩個傳感器採集到的圖像差異，在移動過程中不斷記錄沿路周邊物件的特徵點（例如桌椅邊角、沙發高度），搭配其他傳感器，建立環境地圖，規劃清潔路徑。甚至，打開手機ＡＰＰ，使用者可以設定打掃時間，甚至在環境地圖上指定加強打掃的區域、不得進入的區域，讓人不得不驚呼掃地機器人已經進入智慧家電的時代。

只是，如果我們回到Norman那句「人本設計是關乎行動的設計」，當家務打掃這件事已經全然交由掃地機器人執行時，任務有什麼改變？目的也跟著改變嗎？

對此，設計師Carla Diana在《My Robot Gets Me》這本從家電討論社會設計的書中表示，雖然有越來越多電子產品強調自己整合了各式各樣的傳感器、演算法，好讓產品更有智慧，但對消費者來說，「互動就是智慧」（interaction is intelligence）；因為家電讓消費者感受到人性的關鍵，並不是一個像人的外觀或是聰明的AI，而是這設備在操作過程中與消費者的互動方式。

是的，家電也有自己的「身體語言」，圓滾滾的外型跟直挺挺的看起來就是不一樣，不同材質在觸摸的剎那也有不同的體感，而燈光、移動軌跡，甚至聲音更是設計師讓家電向使用者傳遞訊息的常見手法。好比說，當掃地機器人回到充電座時，那默默亮起的插座符號讓你知道它現在正在充電；而VSLM的移動軌跡看起來就是比隨機碰撞來得理性聰明。

比起那看不見的VSLM技術，我們與掃地機器人的互動更多是建立在「聲音」上頭。無論是啟動時的音樂聲（「開始清潔！」），打掃時刷毛接觸地面的唰唰聲，甚至不小心被桌椅卡住電線纏著的警示音（「請清除左輪上的異物！」），以及打掃完畢回到充電座上的結語（「打掃完畢，開始充電」），都讓使用者無時無刻感受到它「認真工作」的存在。換言之，雖然對使用者來說，掃地這活動因著掃地機器人的出現而簡化到只有「按下啟動鍵」這個任務需要執行，但掃地這件事的目的除了整潔生活之外，卻也多了有人（？）陪伴的意義啊。這就是為什麼Diana會說以前的設計師是「形式追隨功能」（Form follows function），但現在是「形式追隨感覺」（Form follows feeling）。

啊，原來如此，怪不得我要抱起家裡那款老式、沒有自動集塵盒的掃地機器人清理滾輪上的毛髮時，都有正在抱著一隻貓咪的萌感油然而生啊。

From 瀚嶢——新北．新店

親愛的柏璋：

冬日安好。

總覺夏天並未遠去，畢竟直到前陣子仍感炎熱，今年據說是史上最熱的一年。帶隊旺季與開學的焦慮雖已結束，但年底事務似乎沒有變少。想想你應該更忙，當了新手爸爸，幾年內，大概都是沒有假期的吧？

隔著台北新竹，兩年來我們定期互相通信，分享著兩地的自然觀察，這確實促進了我更有意識地去尋找，兼具地方感與季節感的生態場景，總覺得若沒有持續尋找，對環境細緻的覺察，可能都要被忙碌的日常給逐漸抹消了。

過去以為，在這些書信中，蕨類應該不太有機會被提及，因為它們微小的孢子能輕易飛越大部分的地理障礙，在地方感這點上，很難產生特色；另一方面，蕨類的物候也似乎很少被提及，大概因為沒有花果，孢子囊群又總隱藏在葉背，季節在這些低調的隱花植物身上，也總是不著痕跡。

不過今年，在一趟宜蘭的行程中，倒是遇見一種具有明顯季節感的蕨類。那是五月，在太平山的林道旁，我偶然發現一株高大茂盛的東方莢果蕨。這種特殊的蕨類相當稀有，但很好辨認，因為其發育孢子的羽狀繁殖葉會片片捲起，沿著葉軸，把孢子囊群包捲為梳齒狀的構造，入秋後，這些孢子葉還會整個轉為深褐，像成熟的脆硬豆莢，怪不得叫東方莢果蕨。

這類東亞限定的植物，主要生長在溫帶，日本還有採集孢子葉當作花材的傳統。台灣是其分布南界，僅在終年濕潤的東北部山區才能尋獲。

黃瀚嶢

生長於台北，在城市間隙發現觀察野地的樂趣，從此流連忘返。森林系畢業後，從事生態圖文創作與環境教育，經營粉專「斑光工作室」，靠著偶爾路過的靈光努力生存。

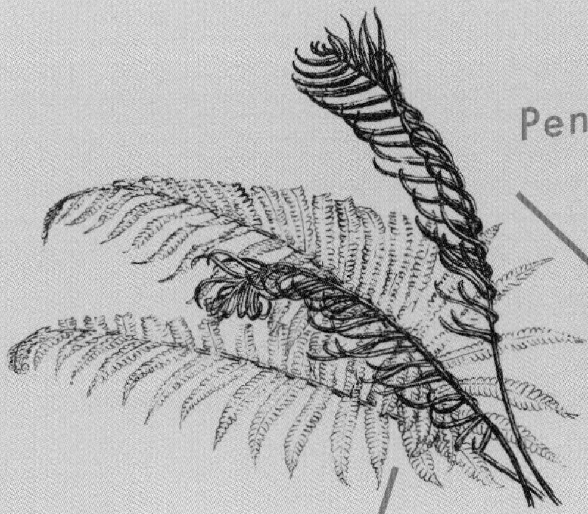

Pentarhizidium orientale 東方莢果蕨

東方莢果蕨的孢子需要葉片的保護才能渡冬，因此脆硬、深褐色的孢子葉成為其最鮮明的印象。

東方莢果蕨的孢子是不會休眠的綠色孢子，需要在母株上發育數個月才會飛散，且必須在良好條件下立刻發芽生根，不然很容易失水而死。研究指出，在沒有葉片捲起保護的狀況下，孢子一週內就會死亡。可見這些優雅的莢果，其實是子代重要的避風港。

我在春天遇到的這株東方莢果蕨，也有一大叢豆莢似的孢子葉，想必是上個秋末成熟，努力渡冬後，存留到了今年春天。春天是東方莢果蕨散佈孢子的時節，孢子發芽率雖然高，但無法忍受平地夏季的高溫，又無法應付高山冬季的低溫，同時還需要充足的陽光，因而只能生長於涼爽的中海拔森林邊緣。然而野草繁盛的春雨時節，管理單位多會為林道除草，嬌貴的東方莢果蕨，等待了整個冬季，往往就在還沒有釋放孢子的情況下被斬斷了。

那時我發現，蕨葉旁插有一個小牌子，標明這是林試所團隊在研究的個體，沿路又遇到幾棵插了牌子的植株。後來才讀到資料，原來這是要提醒除草單位，不要誤傷了稀有植物。小小的塑膠牌，就像某種守護——保護孢子的東方莢果蕨，也受到了人類的保護。

在太平山莊附近，也種植了不少復育的東方莢果蕨，以往我們總盼望稀有植物別被太多人發現，現在倒覺得，被多些人認識，或許關懷與監測就能更多一點，反而更利於物種的生存。那些標示牌，既象徵著管理單位間的合作，也同時是對稀有植物的承諾，以及對大眾的行銷。

城市儘管燥熱，在冷涼的宜蘭山區，東方莢果蕨新一代的繁殖葉應該已變得脆硬，轉為深褐色，靜默渡冬吧。那是成熟與守護的顏色，也是對未來寄予希望的顏色呢。

新生小寶寶的第一個冬天，相信也備受呵護，祝他平安健康！

From 柏璋—— 新竹．新竹市

親愛的瀚嶢：

時隔多月再次收到你的來信，不由得心生感動，讓我在與寶寶咿咿呀呀的忙碌日常中，久違地享受了閒適的閱讀及書寫時光。當奶爸之前，從沒想過寶寶會有磁吸般的魔力，讓人只想黏在他身邊。也因此，在家育兒的同時還要打開電腦專心做事，對我來說不太容易。幸好老婆是神隊友，我們彼此分工，新生活倒也漸入佳境。

在陪伴寶寶的時間裡，我逐漸養成唸書給他聽的習慣，並盡量用台語。我想，這樣應該能刺激寶寶的認知與言語能力發展，同時培養他對台語的語感；而對我本身，不僅可以鍛鍊日漸鏽蝕的母語能力，還能以不同以往的細膩步調咀嚼文意，好處真不少。你的這封書信，我也嘗試以台語唸給寶寶聽，卻在標題卡關：「蕨」怎麼唸？

查了台語辭典，得知「蕨」唸做「kueh」， 跟可食蔬菜「過貓」的「過」發音相同，我才發現，「過貓」原來就是「蕨貓」呀！想起來，除了過貓以外，似乎少有其他蕨類擁有台語名，是不是閩南人將蕨類統稱為「kueh」？而蕨類嫩葉總是捲曲、形似貓掌，「貓」會不會是對蕨類嫩葉的形容詞呢？

想到今年暑假我們在新竹五峰的白蘭部落，陪伴當地泰雅族人認識山林植物時，耆老張大哥指著路旁邊坡傾瀉而下的一大叢蕨類，說這是在山裡過夜時的天然棉被，族語叫做「giri」。我替耆老解答正式中文名為「裏白」後，好奇追問為什麼它跟稍早認識的腎蕨同樣叫做「giri」？耆老說，泰雅族把所有蕨類都叫做「giri」。

Diplazium laxifrons 過貓

陳柏璋

對於山、攝影與書寫情有獨鍾，幻想成為現代版博物學家。出社會後與老婆及志同道合的好友們一起經營「森之形」品牌，希望讓森林走入生活，也讓生活走入森林。

老實說，這讓我感到十分震驚，畢竟去年在白蘭部落學到不同殼斗科植物截然不同的泰雅名，我下意識認為每種與民族文化相關的植物，應該都有各自的泰雅名。回家查資料才了解，泰雅族人對不同種類的蕨類仍可能有不同稱法——在「giri」後方加一個形容詞即可。仔細想想，這便是植物分類概念的體現。至於殼斗科植物的命名謎團，下次遇到耆老時再請教吧。

其實，這叢邊坡上的裏白也面臨人類除草的威脅，但鄰近馬路的部分被割除，埋藏土壤的地下莖仍可迅速萌芽破土，重新搶得先機、佔地為王。我想，能在定期除草的林地上長期存在的植物種類，或許早已與人類產生難分難捨的競合關係。競爭有兩種層面，一個是與人類爭奪這片土地的掌控權，另一是與其他植物爭奪土壤。合作也有兩種層面，一個是透過人類的除草行為，剷除可能的競爭對手，另一個是人類為了水土保持、景觀或食用等目的，希望維繫這一抹綠的保存心態。

白蘭部落裡的另一種蕨類——過貓，會在密植的杉木林下成片生長，除了低光環境能阻止多數植物生長外，過貓的地下根莖已走遍土壤表層，等待的是林下除草的機會。人類以採食為目的的割取，概念上等同除草行為，能讓過貓運用儲存於根莖的能量迅速抽芽展葉，促成競合關係的循環。只要時間週期配得好，林下的過貓族群便能持續壯大，同時也為部落族人提供源源不絕的鮮美野菜。

最近發現，不同地方的「過貓」種類可能截然不同，例如菜市場常見「過溝菜蕨」，而白蘭部落是「疏葉雙蓋蕨」，可真有趣。時序入冬，山上的過貓都停止生長或逐漸乾枯了，幸好成熟迸裂的孢子囊早已為來年播下新生。或許等到明年春夏，我就能把寶寶揹上山，帶他一起觀察過貓捲捲的嫩葉、一起採集了。到時，再邀你一起！

也謝謝你給寶寶的祝福，期待你們第一次的碰面是在野地相遇。

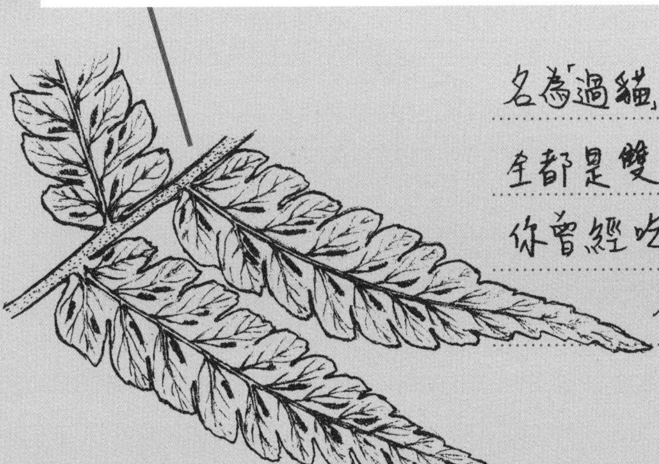

名為「過貓」的蔬食野菜，
全都是雙蓋蕨家族的蕨類植物。
你曾經吃過的「過貓」，
會是哪一種雙蓋蕨呢？

#生活不在他方，而在：________________

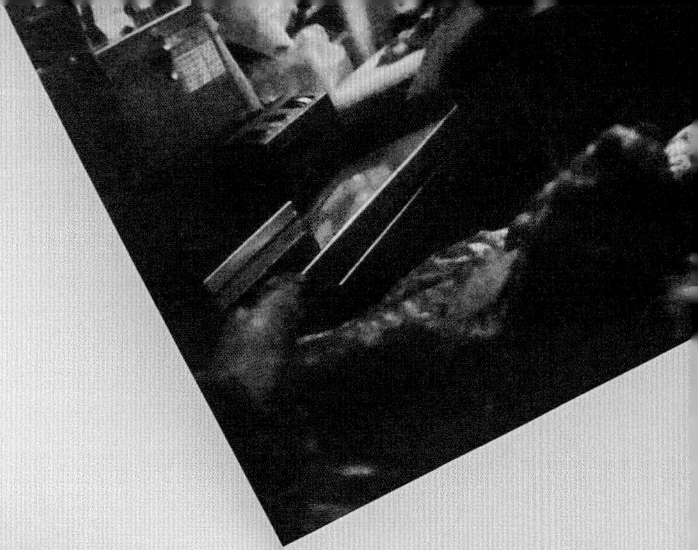

員林紀事
Yuanlin story
員林在地生活誌

汐止
Xizhi